古本屋の誕生

東京古書店史

鹿島　茂

草思社

古本屋の誕生　東京古書店史

目次

序章

本屋はなぜ新刊本屋と古本屋に分かれたのか

第一章

セドリと古本屋の誕生
江戸時代までの書店ビジネス

第二章　大デフレと本屋仲間の解体

明治ゼロ年代

第三章　一大古書街・芝神明と漢籍ブーム
明治十年代〈一〉

第四章　東京大学誕生と神保町の台頭
明治十年代〈一〉

第五章
東海道線全通と神保町第二の波
明治二十年代

第六章
靖国通り開通と神保町第三の波
明治三十年頃から大正二年の大火まで

第七章 古書組合の誕生と関東大震災
明治末から大正末まで

第八章 古本屋の学校・一誠堂の躍動
昭和ゼロ年代

序章

本屋はなぜ新刊本屋と古本屋に分かれたのか

古書店と古本屋はどう違うのか？

私のような古本マニアからすると驚き以外の何物でもないのだが、この世には一度も古本屋ないしは古書店に入ったことのない人が存在する。つまり、本屋とは新刊本を売っている店のことだけだと理解しており、それ以外の形態、つまり古本屋や古書店のことは知らない人というのがいるのである。

しかし、最近では、驚きはもっと進んでいるに違いない。つまり、本屋（新刊本屋）という商業形態さえ知らない人が増えてきているのではないかと想像される。古本屋（古書店）はおろか新刊本屋さえ一軒もない市町村がどんどん増加してきているから、本というものはアマゾンでしか買えないものと思い込んでいる若い人がいてもおかしくはない。いや、本とは電子本だと信じている人さえ存在しそうである。

とはいえ、そうした人は今でも存在するだろうが多数派になるのはまだ先のこと。とりあえずは除外して、新刊本屋しか知らない人に話を限ろう。というのも、日本における古本屋（古書店）の歴史を語るうえで、こうした人から受けた質問が古本屋あるいは古書店の定義のために役立つと思うからだ。すなわち、その人は私に向かってこう言ったのである。

「へエー、古本屋ってものがあるんですか！　で、その古本屋っていうのは、街でときどき見かける古書店っていうのとはどう違うんですか？」

私はこの質問を受けたとき、正直言って、かなりうろたえた。というのも、私自身、古本屋と古書店との違いについて、言い換えれば、両者の弁別的差異について考えたことがなかったからである。そのため、私はこう答えた。

「うーん。酒屋と酒類販売店の違いと似たようなもので、日常会話と公式文書で同じものが言い換えられているだけなんじゃないですか？」

だが、後で調べてみたところ、私の理解は不正確で、古本屋と古書店を弁別し、それぞれに定義を下そうとする試みはすでになされており、しかも、なるほどと納得させられるものであったのだ。というのも、その試みに挑戦しているのは、ほかでもない、古本・古書業界における帝王であり、古本・古書にもちゃんとした歴史があることを記録しておいてくれた古書史の大恩人、弘文荘《こうぶんそう》主人・反町茂雄《そりまちしげお》であるからだ。

反町は『反町茂雄文集　上　古典籍の世界』（文車《ふぐるま》の会）収録のエッセイ「古典籍業の修行の事など」において、両者についてかなり明確な定義を与えているが、しかし、「古書店」と「古本屋」を定義する前に、反町はまず「古書」と「古本」の違いを問題とし、この違いを弁別化するには、むしろ、対象を「古典籍」と「古書」と「古本」という、年代による三分類法で分けなければならないとしている。

Ⓐ古典籍　大宝《たいほう》二年（七〇二）から明治十年頃までに製作された和紙・和装の書物
Ⓑ古書　明治十年頃から昭和二十年までに製作された洋紙・洋装の書物
Ⓒ古本　昭和二十年以後に製作された洋紙・洋装の書物

反町によると、この三分類法は日本の古書・古本業界の現実とよく合致しているという。たしかに、東京都古書籍商組合（現在は東京都古書籍商業協同組合）に登録されている古書店・古本屋のジャンル分けを見ると、

①「古典籍」の売買を主とする東京古典会
②「古書」中心の明治古典会
③「古本」中心の一般書市会《いちかい》

とに分かれている。
とはいえ、世間一般では、この三分類の商業形態はあまり認知されていない。むしろ、

①「古典籍」と「古書」を扱う古書店
②「古本」を扱う古本屋

という二分法のほうが常識的なものとなっている。そのため、本書では原則的には、古書店と古本屋の違いに関してはこうした二分類とそれぞれの定義に基づいて論稿を進めて

いきたいと思うのだが、しかし、この定義と分類ではうまくいかない場合もある。

比較するポイントを現在ではなく、過去に、たとえば明治二十年においたときである。定義と分類はたちまち妥当性を失う。というのも、明治二十年だったら、「古書」扱いされるのは反町分類でいう「古典籍」、すなわち和紙・和装の本だけで、明治十年頃に作られ始めた洋紙・洋装の本はまだあまり流通はしていないが、セコンドハンド本（中古品）である場合は「古本」になるはずだからである。

さらに、比較ポイントを江戸時代に移せばどうなるのか？　すべての本は反町分類でいう古典籍になってしまう。しかも、それらは、まだ古典籍にはなっておらず、また古書とも古本とも分類できない。ことほどさように、時代を遡りすぎると、時代区分による分類は不可能になるのである。

そこで登場するのが、どの時代にあっても融通のきく古書と古本の別の定義である。これまた反町茂雄によるものだが、それは、

①古書　絶版ないしは品切れになっていて新刊本としては流通していない本

②古本　新刊本としていまだ流通しているが、いったん誰かが購入してから売りに出したセコンドハンド本

とするもので、たしかにこれなら、どの時代にも通用する。また、これに準じて

①古書店　右の定義による古書を扱う店
②古本屋　右の定義による古本を扱う店
とすると、ほとんど混用と誤解は生じない。もちろん、実際には、セコハン本も絶版本もかなり混在しているから、こうした定義はあくまで目安にすぎず、扱い品目の中で古書が多ければ古書店、セコハン本が多ければ古本屋とするのが一般的である。これが最も妥当性を持つ定義ではあるまいか？

しかしながら、場合によっては、これでもまだ意味があいまいになるケースがある。それは、「絶版本／セコハン本」という対立ではなく、「新刊本／セコハン本&絶版本」という対立が導入される場合である。しかも、本に馴染みのない人にとってはこちらの対立のほうがよりリアルに感じられるはずであり、対立はむしろそれらの本を扱う「新刊本屋／古本屋」というかたちを取ってあらわれる。言い換えれば、ほとんどの人にとって、「古書店／古本屋」という対立はあまり意識には上らず、むしろ新刊本屋との対立において、「古本屋」という概念に統一されて、「新刊本屋／古本屋」という対概念で処理されることになるのである。

というわけで、議論をまとめると次のようになる。

①新刊本との対立において、新刊本以外の本はすべて古本となるから、書店は「新刊

本屋／古本屋」という単純な分類に帰する。

②新刊本以外の本を対象として考える場合は、対立は「古本（セコハン本）／古書（絶版本）」というかたちを取るので、新刊本以外の本を扱う書店は「古本屋／古書店」という二項対立で処理される。

③「古書」をさらに、反町定義にしたがって「古書（明治十年頃以降に製作された洋紙・洋装の書物）」／「古典籍（明治十年頃までに製作された和紙・和装の書物）」に分けると、前者を扱う本屋は「古書店」、後者専門の本屋は「古典籍店」となるはずだが、実際には後者の呼称は存在しないので、結局、③の対立は②のそれに回収される。

古物商取締条例を契機とした「新刊本屋／古本屋」の分岐

さて、いくら古書店・古本屋の通史にしても、定義が少しくどすぎないかという声が聞こえてきそうなので、ここで種明かしをしておく。じつは、日本人にとっては当たり前すぎると感じられる①「新刊本屋／古本屋」という対立は、日本の古書店・古本屋の歴史を扱う本書にとって、避けては通れない最重要課題なのである。

なぜか？「新刊本屋／古本屋」というきっぱりとした対立があるのは日本だけであり、

外国ではあるかにあいまいだからだ。言い換えれば、外国の書店では新刊本と古本が同じ棚に並んでいるということは少しも珍しくないのである。

では、なぜ、日本だけでその対立が生まれたのだろうか？

種明かしをすると、この対概念は、ある明確な時点において導入された日本特殊的な法令に起因するものなのである。具体的に言おう。「新刊本屋／古本屋」という日本的な対立を生み出したのは、明治初年に明治政府によって布告された「八品商取締規則」および「古物商取締条例」なのである。これをきっかけにして、日本の書店は、法令的に「新刊本屋」と「古本屋」に分かれるようになったのだ。

まず明治九年（一八七六）十一月布告の「八品商取締規則」からいくと、これは質屋・古着商・古銅鉄商・古道具商・紙屑商《かみくず》・古本商などセコハン商品を扱う商人およびその雇人は地方官庁の鑑札を受けて営業しなければならないと命じたうえで、売却者の住所氏名などを売買明細帳に記載することを義務づけた法規だった。

当時の誇り高い書店主は、紙屑や古着や屑鉄・屑銅などと同列に古書を扱うとはなにごとかと反発したようだが、明治政府の強圧的な態度の前には逆らうすべもなく、取締規則の施行を受け入れるほかなかったのである。

さらに、明治十六年（一八八三）十二月には、「八品商取締規則」では手緩《てぬる》いと見た政府

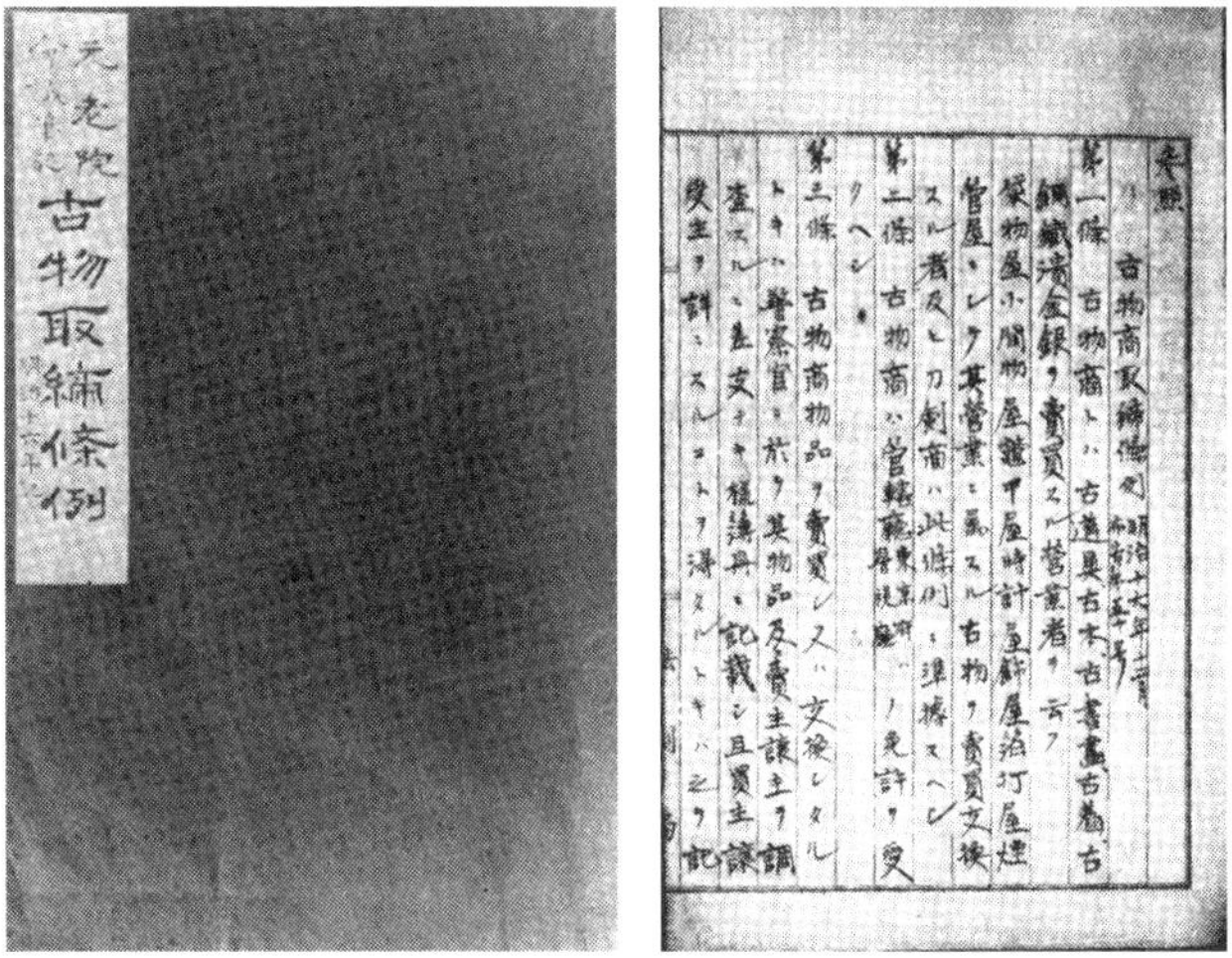

古物商取締条例（明治16年12月）

が「古物商取締条例」を布告した。こちらは「八品商取締規則」と同趣旨ながら条項をより詳細なものにすると同時に違反者に対する厳しい罰則を設けて、古書取引を完全な法の網のもとに置こうとする条例だった。

「古物商取締条例」はさらに明治二十二年（一八八九）に発布された大日本帝国憲法に合わせるかたちで明治二十八年（一八九五）に「古物商取締法」へとバージョンアップされ、結局、今日まで、この法律の改定版である「古物営業法」（昭和二十四年施行）が古書業界を規制し続けているのである。

では、こうした規則、条例、法律の施行で何が変わったのか？　この点について、『東京古書組合五十年史』「第一篇　組合の歴史」は次のように指摘している。

「この条例の著しい影響は、いままで新刊書と古本を併存して営業していた店が、この条例の施行によって、新刊書籍店と古書籍店が明瞭に分離していったことである。いわば今日の書籍業界の、出版社、取次《とりつぎ》店、新刊書店、および古書籍店という分業が明確化した基点になったということも忘れてはならぬ点である」

つまり、先ほど定義したような「新刊本屋／古本屋」という対立は「八品商取締規則」「古物商取締条例」「古物商取締法」の施行によって新たに生み出されたのであり、古本屋という業態自体が、日本においては近代以降の産物であることを証明しているのである。だが、狭義の古本屋が存在していなかったとしても、古本はずっと前から存在していたはずである。当然、その売買を担当する業者が存在していなかったはずはない。

では、「八品商取締規則」「古物商取締条例」「古物商取締法」施行以前には、古本は誰が販売していたのだろうか？

その答えは、右の引用に書いてある。すなわち、これらの規則・条例の施行以前には、およそ書店と呼ばれる店舗においては新刊書と古本は区別されることなく販売されていたばかりか、出版、取次という業務もその店舗で行われていたのである。ひとことで言えば、現在、書籍業界を構成するこの出版社・取次・新刊本屋・古本屋という四つの業態は規則・条例施行以前には分化せずに、「書店」と呼ばれる店舗の中に併存していたのであった。

第一章

セドリと古本屋の誕生

江戸時代までの書店ビジネス

セドリの誕生

「八品商取締規則」以前の出版社・取次・新刊本屋・古本屋の四業態未分化という事実は、日本の書店史を扱うどんな本にも書いてある。

しかし、ではいったいどれくらい昔から、四業態未分化のままの書店が存在していたのかという問題になると、あまりはっきりしたことはわかっていなかった。

この問題に初めて実証的な光を当てたのは古典籍専門の誠心堂書店を営む橋口侯之《こうの》介《すけ》氏の『江戸の古本屋　近世書肆《しょし》のしごと』（平凡社）である。

この本によると、書物の売買ないしは移動に関する証言が歴史的資料の中に初めて現れるのは、平安時代の寛仁《かんにん》二年（一〇一八）に書家、藤原行成《ふじわらのゆきなり》が筆をとったとされる書状、「白楽天詩《はくらくてんし》巻《かん》」の巻末である。そこには行成から数えて五代目の藤原定信《さだのぶ》がこの本を入手した由来を書き込んだテクストが残っている。著者の現代語訳を示しておこう。

「『保延《ほうえん》六年（一一四〇）庚申《こうしん》十月二十二日の朝、物売りの女が蓬門《よもぎもん》より入って来て手本二巻、一巻は小《お》野道風《ののとうふう》の「屏風土《びょうぶど》代《だい》」、一巻はこの本を売りにきた。一目で行成の筆とわかったので価格として××（個々の値段が入っていたと思われるが、二行消してある）を与えたら女は大いに喜んで帰って行った。(中略)』
さらに追記して、『件《くだん》の女人の宅は塩小路より北(東洞院《ひがしのとういん》大路の七条辺か)にあり、町尻より西の面之辻には在俗の経師《きょうじ》がいるといい、女はその経師の妻である』という。値段を消してしまっているが、『売手本』もしくは『手本を売る』といっており、これは古本売買の史料として目にすることのできる最古のものである」
ちなみに、経師というと、われわれには襖の張り替えや掛け軸の表装を行う職人という

『七十一番職人歌合』(1500年頃成立)に描かれた経師。僧形だが在俗の職人だった。

理解があるが、それは後から派生した意味で、「奈良時代、経師とは広義には仏師、画師と並んで写経に従事する者一般を指し、狭義には書生《しょしょう》とか写書手ともいって、経を書く者を指していた」（同書）という。つまり、西洋でいう写字生（コピスト）に当たり、字を筆写するだけでなく、写字用の紙を用意したり、写字済みの紙を巻子《かんす》に仕立てる作業を担当していたのだから、いきおい、写字すべき古書を受け取ったり、あるいは不要になった古書を引き取って転売先を探したりしたのだろう。橋口氏は、この経師がいわゆる「セドリ」つまり古書ブローカーの先駆となったと見ている。

その証拠となるのが、ポルトガル人宣教師が十六世紀後半までの日本語彙を収録した『日葡《にっぽ》辞書』の「経師屋」の項目で、「経開き、拵《こしら》へ、綴《と》づる家。印刷所または本屋」と記されており、経師が広い意味での本屋の起源であることを示している。

出版部門の誕生

それでは、この広い意味での本屋の出現、つまり経師から発展していって変化し、新たに出版部門も付け加えて、右の四業態を兼ねた本屋が独立店舗を構えるようになったのはいつ頃のことなのだろうか？

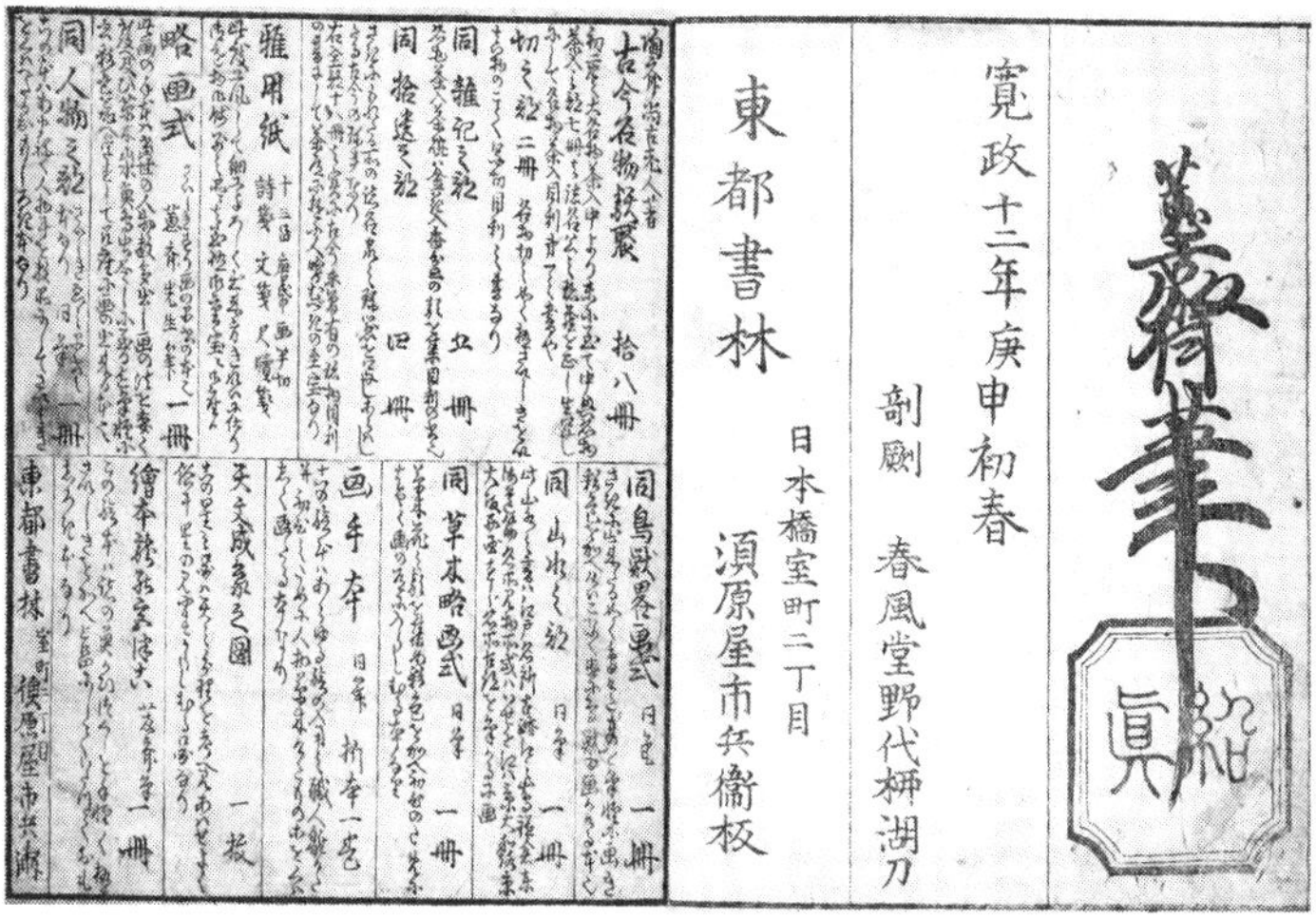
寛政十二年庚申初春
剞劂 春風堂野代柳湖刀
東都書林
日本橋室町二丁目
須原屋市兵衛板

鍬形蕙斎《くわがたけいさい》『山水略画式』（寛政12年〔1800〕刊）の刊記（国文学研究資料館蔵）

まず、出版部門を持つ本屋が現れた時期についてだが、これは残存史料から安土桃山時代末期から江戸時代初期にかけての時期であると見なせると橋口氏は言う。なぜはっきりとしたことがわかるかといえば、それは今日では奥付《おくづけ》と呼ばれる書籍の発行所の名称と住所を表記した「刊記《かんき》」のある本がこの時代より確認されるからである。

すなわち、慶長・元和《げんな》年間（一五九六—一六二四）に、京都に出版もする本屋が出現したのが始まりなのである。

「印刷物の巻末に、発行者などの情報を記す箇所を『刊記』というが、これが後の奥付の元である。江戸時代初期の本の刊記には、寺院や個人の名などが記されている例が多いが、しだいに本屋と思われる者の名が出てくるのである」（前掲書）

この頃に現れた仮名草子《かなぞうし》『祇園物語』では、こうした出版もする本屋を「物本屋」（「物《もの》之《の》本屋《ほんや》」）と呼んでいる。やがて、出版もするこうした本屋は「書林《しょりん》」と総称されるようになる。

「ただ、町中には古本を流通売買させる商人が先にいて、そのなかから出版を始める者が出たと推定しても不自然ではない。やがて、京都ではこの書林が増加し、百年後の享保年間（一七一六―三六）には二百軒に達した。

大坂では、まず古本を売買する本屋が先に成り立ち、十七世紀後半の寛文・延宝（一六六一―八一）頃から出版が行われるようになった。その当時の草分けの二十四軒の本屋が中心となって、遅くとも元禄十一年（一六九八）には、大坂本屋仲間《なかま》、別名『浪速書林仲間』が結成された」（同書）

ここには、江戸時代初期に、出版部門にも進出した本屋が出現したことが記されているが、しかし、この時代には取次専門店はまだ存在していないから、当然、自分が出版した本の取次（流通）も自分でやらなければならなかった。また、出版した新刊本を自分の店で売るということも当然やったのだろう。つまり、出版部門が稼働し始めたという事実は取次部門と新刊販売部門も同時に始まったことを意味するのである。

四業態併存体制の確立

しかし、では、出版部門成立以前には、出版、取次、新刊販売、古本販売の四部門のうち古本販売部門だけが存在していたのかといえば、必ずしもそうは言えないと思う。というのも、出版部門に民間セクターが参画したのは安土桃山末期か江戸初期だとしても、新刊書の出版自体は寺社や公的機関によってそれ以前から行われていたからである。つまり、本屋は古本と併せて新刊書を売るという販売方法を出版部門成立以前から採用していたのである。というよりも、そもそも古本と新刊を区別する必然性そのものがなかったと見たほうがいい。

すなわち、経師が王侯貴族や寺社から不要になった写本を引き取ったり、あるいは逆に別のところで入手した写本を王侯貴族や寺社に売り込んだりする「セドリ」はすでに平安時代から存在していたとしても、その「セドリ」が発展して店舗を構える頃には、取り扱い品目は古本に限定されず、新刊も扱っていたと見るのが正しい。なぜなら、明治初年の規則や条例のようなものがなければ、なにも古本だけに取り扱い品目を限定する理由はないからである。第一、品揃えということから見て、古本と新刊を同時に扱うほうがはるかにリーズナブルである。

というわけで、以上のことを私なりに年代を追って要約すると次のようになる。

①平安時代に王侯貴族の邸宅・寺社仏閣に出入りする経師が、写本や初期の版本《はんぽん》（板本）の転売を取り持つ書籍ブローカー的な副業を始め、やがてこれが「セドリ」的な本業となる。

②室町時代後期から安土桃山時代にかけて、京都や大坂で「セドリ」業者が店舗を構えるが、しかし、その販売物は古書には限定されず、寺社仏閣などが新たに刊行した版本とミックスした状態になる。

③安土桃山時代末期か江戸時代初期に京都に出版も手掛ける書店が出現する。それらの書店は販売部門しか持たない書店と自らを区別して「物之本屋」とか「書林」と名乗る。

④そうした出版も手掛ける書店は十七世紀後半には「本屋仲間」ないしは「書林仲間」という同業組合を結成する。

京都・大坂の古本屋で売られていた本の種類

さて、いささか時間を遡ることになるが、「物之本屋」が出現する以前の時代に戻り、室町後期から安土桃山時代にかけて京都や大坂に存在していたはずの店舗型の古本屋（新刊本も販売）にはどのような本が置かれていたかを考えてみよう。物証はないが、判明している周辺の事実から割り出せば、古本屋の店舗にあった古本ないしは新刊本は次の四種類ではなかったかと思われる。

①写本

意外に多かったのはやはり写本ではないだろうか？　というのも、写本は個人が引き写したのではなく、プロフェッショナルな写字生が読みやすい字で筆記した同一書体の写本が現存しているところから見て、写本工房の萌芽のようなものが存在し、商業的な流通を前提として写本作りをしていた可能性があるからだ。そうでなくても、寺などは学僧のためには複数の写本が絶対に必要だから、その一部が不要になって廃棄されれば、これを無店舗型のセドリ屋が引き取ってくることは十分ありうる。また、古本屋自身が写本の複製、つまり、写本出版に乗り出していたケースも考えられる。いずれにしろ、写本は思っている以上に商品として流通していたと見て間違いなく、ひらがな交じり日本語のテクストはほとんどが写本であったと思われる。

②（旧）木版印刷本

板目《いため》（木を輪切りにするのが木口《きぐち》〔こぐち〕、板目はその反対に木を縦に、しかも中心部を通らずに切るものを指す。板目板の木目は不規則な山形や波形にゆがんでいる）の木版（木板）を用いた凸版印刷、つまり整版《せいはん》の書籍である。これは一枚の板目にテクストを彫った版木《はんぎ》（板木）で刷る印刷本で、同じ木版でも木製活字を組み合わせた活字版とは異なる。ここでは、寛永年間（一六二四―四四）に木製活字版と入れ替わるように復活した（新）木版印刷本と区別するために、木製活字版以前のものについて（旧）木版印刷本としてジャンルを立てておく。

木版印刷物として現存しているのは日本の法隆寺に収蔵されている『百万塔陀羅尼《ひゃくまんとうだらに》』（七七〇年）であるが、この『百万塔陀羅尼』の木版印刷は日本人が発明したわけではなく、中国から伝わった技術を応用したものである。言い換えれば、中国ではこれ以前から木版印刷が行われていて、書籍として流通していたのであるが、それがいつまで遡れるかは不明である。

記録に残る世界最初の大規模な木版印刷は、十世紀の五代十国時代の政治家・馮道《ふうどう》が儒教の経典を印刷したものであるが、木版印刷が本格的な産業となったのは宋代（北宋九六〇―一一二七、南宋一一二七―七九）である。この時代に作られた木版印刷の宋版は、日宋貿易が盛んだったこともあり、宋銭とともにかなり大量に日本にも輸入された。だから、室町後期から安土桃山時代に誕生した古本屋においては主力商品であったに違いない。明治時代に来日した清国公使官員で学者の楊守敬《ようしゅけい》は東京の古本屋に中国には残っていない宋代の本が相当にあることを発見して狂喜したという。

宋の後に興った元（一二七一―一三六八）、明（一三六八―一六四四）、清（一六一六―一九一二）の木版印刷本、すなわち元版、明版、清版も同じように長い間日本の古本屋の主力商品であったが、明版は宋版に比べて意外に流通量が少なかったという楊守敬の証言がある。いずれにしても、中国から輸入された木版印刷本が揺籃《ようらん》期の古本屋を支えていたことは異論のないところである。

では、日本において、『百万塔陀羅尼』以後、木版印刷本がまったく開版（開板《かいはん》）〈印刷・出版〉されていなかったのかと言えば、そうではない。平安時代後期から鎌倉時代にかけては木版印刷本の開版が盛んになされていたのである。すなわち、平安時代に北宋からもたらされた勅版一切経《ちょくはんいっさいきょう》を参考にして、権力者や寺社仏閣が主体となった儒教や仏教の経典

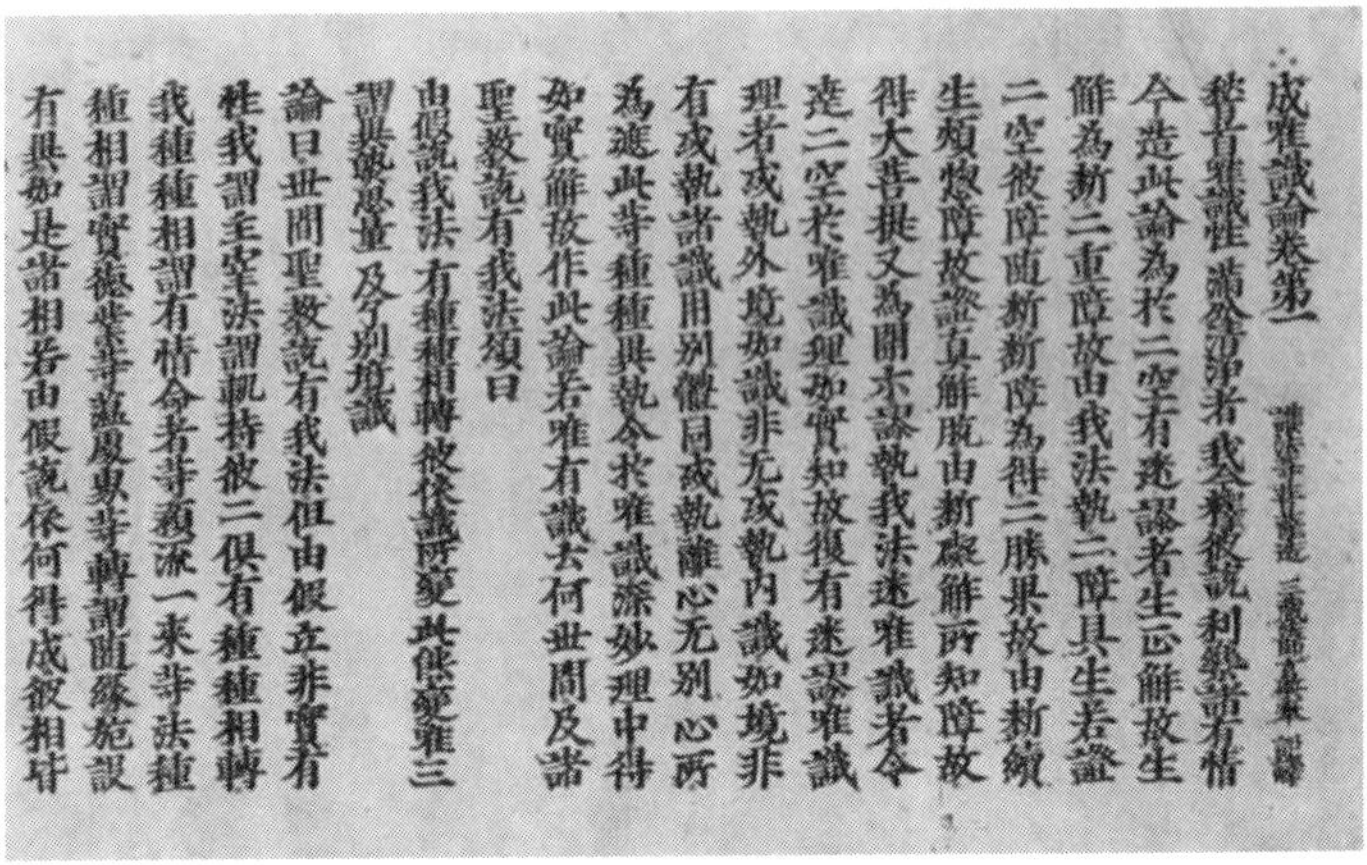
成唯識論卷第一　護法等菩薩造　三藏法師玄奘奉　詔譯
稽首唯識性　滿分清淨者　我今釋彼說　利樂諸有情
今造此論為於二空有迷謬者生正解故生
解為斷二重障故由我法執二障具生若證
二空彼障隨斷斷障為得二勝果故由斷續
生煩惱障故證真解脫由斷礙解所知障故
得大菩提又為開示謬執我法迷唯識者令
達二空於唯識理如實知故復有迷謬唯識
理者或執外境如識非无或執內識如境非
有或執諸識用別體同或執離心无別心所
為遮此等種種異執令於唯識深妙理中得
如實解故作此論若唯有識云何世間及諸
聖教說有我法　頌曰
由假說我法　有種種相轉　彼依識所變　此能變唯三
謂異熟思量　及了別境識
論曰世間聖教說有我法但由假立非實有
性我謂主宰法謂軌持彼二俱有種種相轉
我種種相謂有情命者等預流一來等法種
種相謂實德業等蘊處界等轉謂隨緣施設
有異如是諸相若由假說依何得成彼相皆

春日版（『成唯識論《じょうゆいしきろん》』巻1　護法等著　玄奘《げんじょう》訳。鎌倉・南北朝時代刊）（国立国会図書館蔵）

の木版印刷が広く行われるようになっていたのだ。以下、この時期以後の日本の仏教関係の木版印刷本を列挙してみよう。

Ⓐ**春日版《かすがばん》**　平安時代から鎌倉時代にかけて、藤原氏の氏寺であった奈良の興福寺《こうふくじ》を中心にして印刷・出版された仏典の木版印刷本。興福寺主体の印刷・出版なのに春日版と呼ばれるのは、興福寺で完成された本を藤原氏の氏社であった奈良の春日神社に奉納した旨が刊記や巻末識語《しきご》（写本・刊本などで、本文の前または後に、その本の来歴

や書写の年月・氏名などを記したもの）に記されているからである。

Ⓑ**五山版**《ござんばん》　鎌倉時代に、禅宗系の寺である鎌倉五山（健長寺《けんちょうじ》・円覚寺《えんがくじ》・寿福寺《じゅふくじ》・浄智寺《じょうちじ》・浄《じょう》妙寺《みょうじ》）と京都五山（南禅寺《なんぜんじ》・天龍寺《てんりゅうじ》・相国寺《しょうこくじ》・建仁寺《けんにんじ》・東福寺《とうふくじ》。南禅寺を別格とした場合はこれに万寿寺《まんじゅじ》が加わる）を中心にして、輸入された宋版や元版を参考にして開版された禅宗の木版印刷本。仏典のほか儒教の経典も出版された。

Ⓒ**高野**《こうや》**版**《ばん》　高野山に空海が開いた金剛峰寺《こんごうぶじ》が建仁《けんにん》元年（一二〇一）に京都の経師・大和屋善七を招いて始めた出版事業によって開版された真言宗の木版印刷本。

Ⓓ**叡山版**《えいざんばん》　最澄が比叡山に開いた延暦寺が十三世紀末に日吉大社に奉納するために開版した天台宗の木版印刷本。

これらはみな板目の版木を用いた木版印刷本であったが、そのほとんどはいわゆる寺院版の仏典であった。しかし、南北朝時代（一三三六―九二）から戦国時代（一四六七―一五六八頃）にかけての時期には、京都の戦乱を避けて商都・堺に避難してきた僧侶や知識人たちの知識を堺商人が活用するという方法で木版印刷の開版が行われた。これを堺版《さかいばん》と呼ぶ。宋から輸入された儒教の経典や医学書の復刻が多かったが、堺版にはひらがな交じりの物語系はなく、みな漢籍であった。

また、堺版のほかに戦国大名が開版した大内版《おおうちばん》、日向版、薩摩版などの儒教関係の木版印刷本がある。

③古活字本

活字を組み合わせた組版を用いる活版印刷は、十一世紀に北宋の技術者・畢昇《ひっしょう》によって発明されたとされる。畢昇は膠泥《こうでい》（モルタル）を用いて活字を作り、印刷を行ったというが、しかし、中国では十三世紀以後は木製活字による活版印刷が盛んになり、膠泥活字は朝鮮の高麗に伝播し、鋳造の銅活字文化を生んだが、中国では途絶えた。この朝鮮の銅活字本を高麗活字本と呼ぶ。

高麗活字本は、日本にも輸入されたようだが、日本がこの影響で金属製の活字本を自ら出版するようになったのは、豊臣秀吉の起こした文禄の役（一五九二―九三）以後である。しかし、日本軍が朝鮮から奪った銅版活字のセットを用いて活字印刷出版を最初に行ったのは秀吉ではなく、秀吉によって銅版活字セットを献上された後陽成《ごようぜい》天皇であった。これは文禄勅版《ぶんろくちょくはん》と呼ばれるが現存しない。

朝鮮からもたらされた銅版活字セットで開版を命じたのは徳川家康である。「慶長十九年八月に至つて、金地院崇伝《こんちいんすうでん》長老が『大蔵一覧《だいぞういちらん》』を駿府に献上するや、家康は

『此《こ》の書は重要なものであるから開版せよ』と命じ、官版最初の銅活字版刊行を試みさした。この時家康は崇伝に『予は幸いにして銅活字二十万個を蔵す云々』と云ったといひ『駿府』記にも銅字二十万個があつたと記してあるが実数は八千余個であつたらしい」（上里春生『江戸書籍商史』出版タイムス社）

『大蔵一覧』は翌慶長二十年（一六一五）に出版された。家康はこの後も銅活字で『群書《ぐんしょ》治要《ちよう》』などを開版させた。これらを駿府で作られた銅活字本という意味で駿河版《するがばん》という。

これに対し、同じ家康が開版を命じた活字本でも、足利《あしかが》学校の分校と言える山城伏見の伏見学校付属の円光寺《えんこうじ》の僧侶・三要《さんよう》に開版させた木活字版は伏見版という。円光寺版とも呼ばれる。これらは慶長四年（一五九九）から十一年（一六〇六）にかけて開版された。『孔《こう》子家語《しけご》』『貞観政要《じょうがんせいよう》』『吾妻鏡《あずまかがみ》』など九種類の本がある。

このほか、先に述べた高野山金剛峰寺、比叡山延暦寺、さらに東福寺、仁和寺《にんなじ》などでも木製活字版を出版するようになった。

しかし、朝鮮活字の刺激によって開版された活字本の中で最もユニークなのはなんといっても、いわゆる嵯峨本《さがぼん》、光悦本《こうえつぼん》であろう。それは活字本がすべて漢籍であることへの不満が動機だった。

「この不満から日本の古典を新たに活字版にして出してみやうと一念奮起して出版された

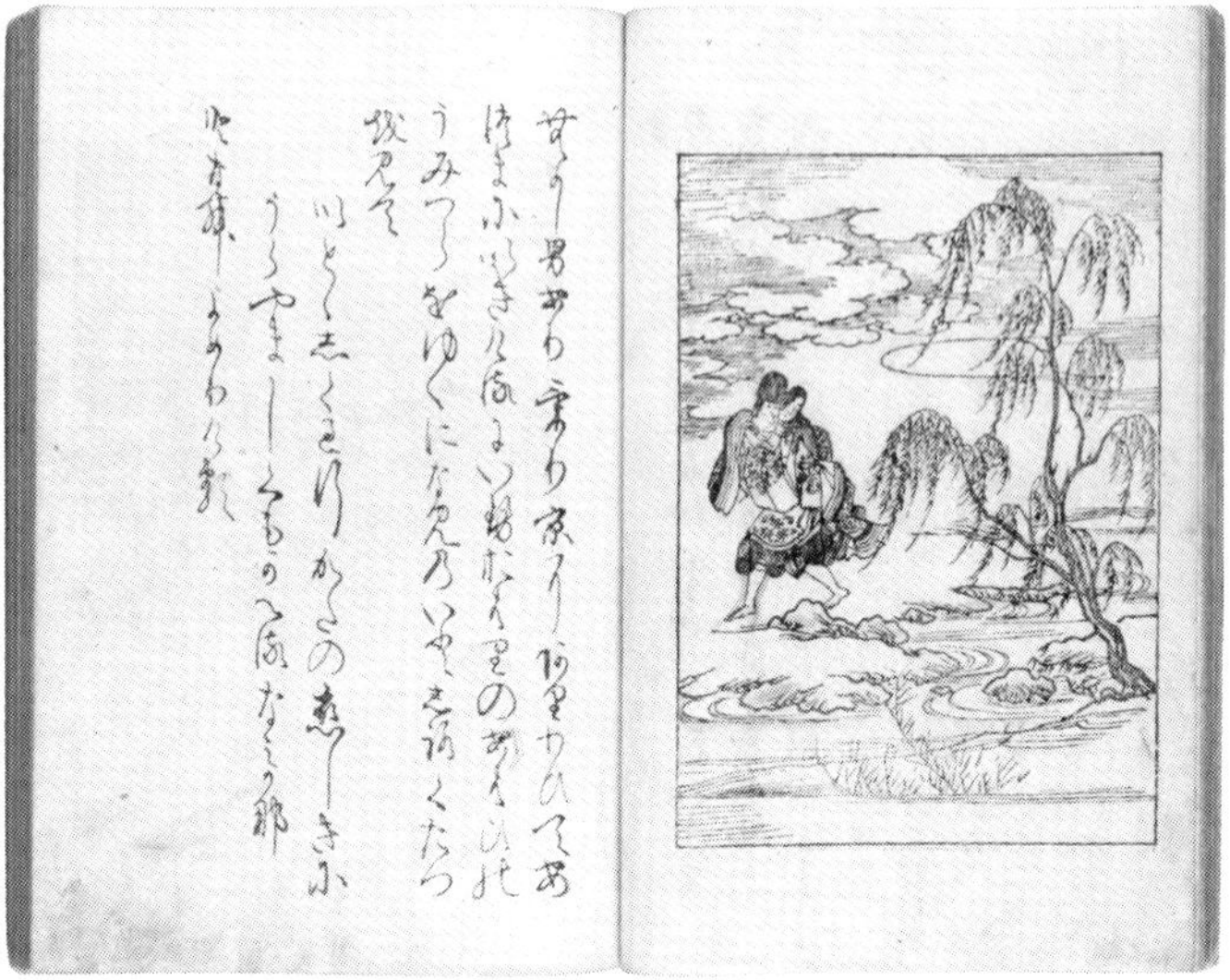

古活字本（嵯峨本）（『伊勢物語』、慶長13年〔1608〕刊）（国立国会図書館蔵）

のが民間からの種々の仮名本である。その中で嵯峨の角倉興一《すみのくらよいち》〔与一〕（吉田素庵《そあん》）、鷹が峯の本阿弥光悦は、その美筆を板下にして優雅典麗な活字をつくり、書物の用紙装幀その他にも多大な趣味を添えて続々と佳本を刊行した。嵯峨本及び光悦本といふのはこれである」（上里　前掲書）

なお嵯峨本、光悦本は木製活字を使用した木活字本である。『伊勢物語』『源氏物語』『平家物語』『方丈記』『徒然草』といった日本の大古典はこの嵯峨本、光悦本によって初めて印刷本となったのである。また、ひらがなの続け字部分は二・三・四字連続の活字を作り、これで処理している。光悦風のひらがなは続け字が美しいとされたためである。

ところで、嵯峨本、光悦本で頂点を極めた古活字本は、その後大いに発展したかと思いきや、事実はその逆であった。なぜなら、古活字本はやがて寛永年間（一六二四―四四）以後、木版印刷本（整版）に取って代わられてしまうからである。

その理由について、上里春生『江戸書籍商史』はこう指摘している。

「それは、古来木版が技術上相当に立派なものであり、且つ、それを作ることが割合に苦労でなく又勝手も知つて居るのであり、更に一度彫刻して置くと入用の時には幾度でも取出して使ふ便利があり、其上《そのうえ》版木の所有者は之《これ》を他人に譲渡し転売することも出来るのである。之に対して新技術の方の活字版は、殊《こと》に木製活字と来たら粗末なものである為に文字の伸縮歪曲が甚しく、磐面に植ゑて凹凸の出来るのを免れない。一回一版として刷立てるのは精々五十部位のもので、百部は頗《すこぶ》るむづかしく、用が済んで字を洗つて乾燥させる手数も煩はしく、解版後、扁旁によつて類別して置く方法も不熟であつた為に甘く行かず、而《しか》も仮名文字は漢字のやうに一字一字全く切れ〳〵のものにしては見た眼に趣味が無いところから、恰《あたか》も筆書きの上に見る通りの体裁を保持する為に、二字三字と連続した組合せ式の活字を作つてゐたから、これが整理にはほと〳〵困じ果てたであらう」

活字本の困難はまさにここにあった。アルファベット二十六文字を組む場合とは異なり、日本語の場合は漢字に加えてひらがな・カタカナがあり、これをすべて活字で組むのは、当時の活版技術としては難度が高かったのだ。

なかんずく大変だったのがひらがなである。漢字の場合、活字のフォントの正方形の中に収めるのは比較的容易である。また、カタカナは漢字の一部の独立系だから、なんとか工夫できる。しかし、ひらがなは本来筆記体だから、これを正方形のフォントに無理なく収めるのは非常に困難である。現代の写植においてさえ、ひらがなと漢字の組み合わせは難しいという。

かくて、活字本はすべて、銅活字本でも木製活字本でも同じように急速に衰えて、寛永年間には木版印刷本が力強く復活して主流となり、それ以前の活字本を「古活字本」として時代遅れのものとしてしまうのである。

④キリシタン版

日本布教の責任者だったイエズス会巡察師アレッサンドロ・バリニャーノは一五七九年の初来日から布教と聖職者教育には印刷本が不可欠と見て、日本語をローマ字で起こした活版印刷本の出版を計画、秀吉の伴天連《バテレン》追放令（一五八七年）が出たにもかかわらず、インド副王の使節に扮して一五九〇年に日本に入国する。そして、リスボンから運んできた印刷機とアルファベット活字セットを島原の加津佐《かづさ》（現・南島原市）に設置し、一五九一年からアルファベット鉛製活字によるローマ字表記の日本語版の教理問答類の印刷を開始した。これを加津佐版という。

翌年から印刷機は天草に移動され、『平家物語』などの日本の古典、『伊曽保《いそほ》（イソップ）

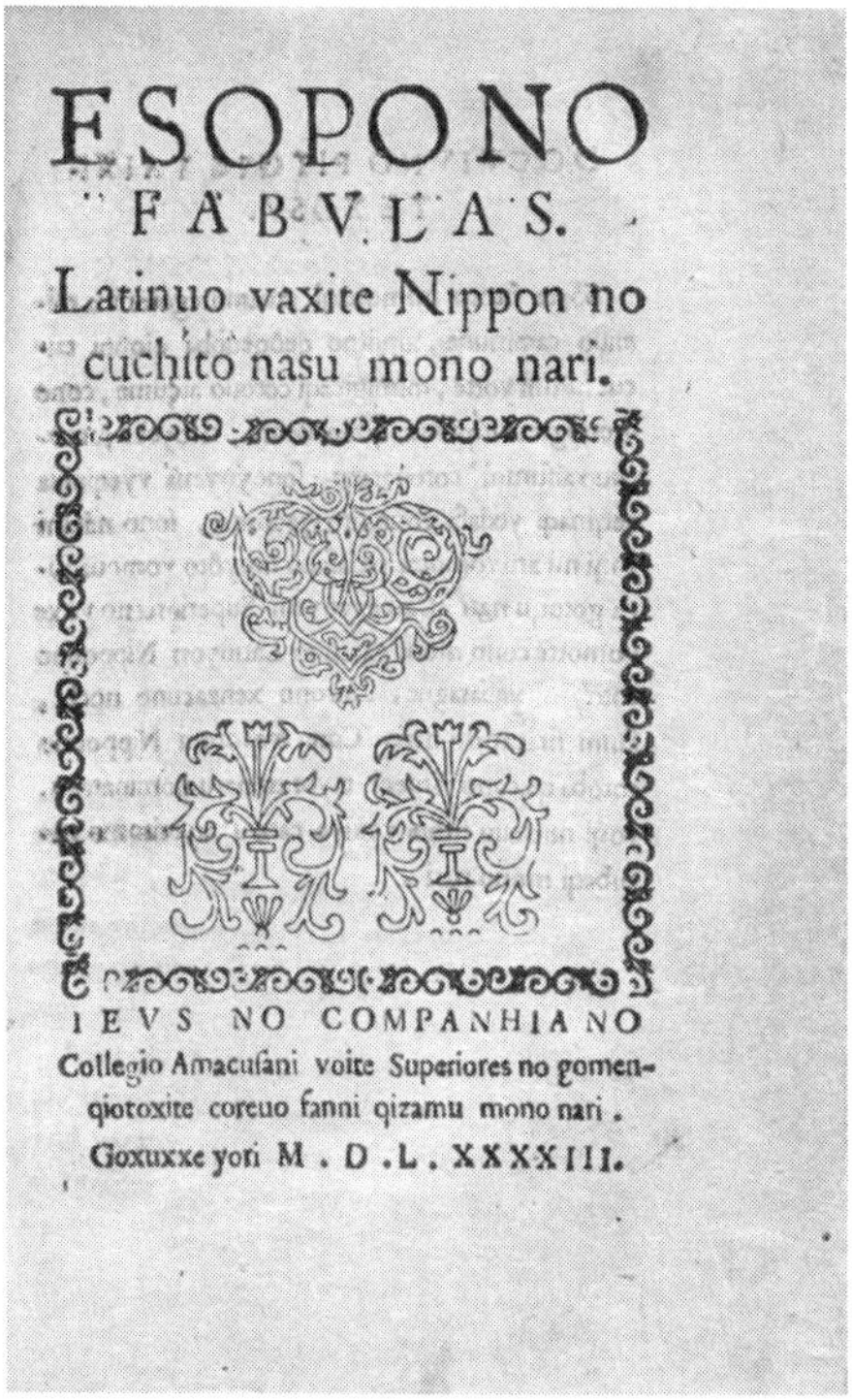
ESOPONO
FABVLAS.
Latinuo vaxite Nippon no cuchito nasu mono nari.
IESVS NO COMPANHIA NO
Collegio Amacusani voite Superiores no gomenqiotoxite coreuo fanni qizamu mono nari.
Goxuxxe yori M. D. L. XXXXIII.

キリシタン版（Esopo no Fabulas〔エソポのハブラス（物語）〕、文禄2年（1593）天草刊、宣教師ハビアン訳。天草本伊曽保物語と呼ばれる）
（大英図書館蔵）

物語』などの西洋古典もローマ字表記で出版した。これを天草版という。

一五九八年出版の『落葉集《らくようしゅう》』からはローマ字ではなく印刷に国字が用いられることが多くなったが、この国字の活字がどこで製造されたかについては諸説ある。

一六〇〇年以後のキリシタン版には国字のものとローマ字のものがあるが、いずれも長崎で印刷されているので、長崎版と呼ぶ。長崎版には後藤宗印《ごとうそういん》という信者の印刷業者のもとで刷られたものがある。

キリシタン弾圧が激しくなると、印刷機はマカオに移され、そこで印刷された本がひそかに日本に運ばれた。

古本屋にキリシタン版が出回っていたかについては不明だが、日本の印刷本と比べて千部から二千部と部数が多いので、禁圧にもかかわらず小部数は流通していたのではないかと想像されるが、証拠はない。

印刷面での影響はなかったという説が有力だが、あったという説もある。

以上のように、自ら出版も行う「物之本屋」が慶長―元和年間に京都で誕生する以前には、古本屋に置かれていたのは四種類の古本だと思われるが、この品揃え状況は寛永年間に印刷本がその製作の面倒くささと膨大な経費ゆえに廃れ、慶長年間から復活が始まっていた木版印刷本が前面に出てくると劇的に変わってくる。つまり、木版印刷本が古本の主力商品となるばかりか、新刊本のそれともなるのである。なぜなら、「物之本屋」とは、複製手段が活字から木版に転換し、少ない資本と手間で出版が可能になったことにビジネスチャンスを見いだして、手元にある古本から新本を作るというマジックに挑んだ冒険的企業家の別名だからである。

海賊版対策としての本屋仲間

では、誕生してまもない書林すなわち出版セクターを持つ物之本屋がなにゆえにすぐに「仲間」と呼ばれる同業組合を結成したか？

それはただただ海賊版を阻止するためだった。

明治期に活版印刷が普及するまで、日本では、複製技法といえば一枚の板目板にテクストや挿絵を彫り込む木版（整版）が主流となってしまい、活字本は廃れて久しかったが、木版は古本ばかりか、新刊本からも容易にコピーできたので、出版部門を持つ本屋はいつの時代にも海賊版には頭を悩ませていたのである。

しかも、同じ海賊版といっても、完全コピーの「重板《じゅうはん》」、一部コピーやタイトルだけ変える「類板《るいはん》」などいろいろと種類があり、ものによってはコピーと見なすべきかどうか裁定が難しいものさえあった。ただ、いずれにしろ海賊版はオリジナルな原板を持つ出版業者にとって大きな利益の侵害となったので、有力な版元（板元《はんもと》）が集まって「本屋仲間」（書林仲間）を結成し、お上に対して法的措置を要請したのである。

「京・大坂の本屋は、重板・類板は公儀の処罰の対象となる行為であるとすることを町奉行に請願し、それが認められたので『仲間』を結成したのだった。代表者として行事《ぎょうじ》を選任し、その自己規制の下で、公儀のいう『禁制の書』を出さないようにすることを条件に、町奉行の内意を得たのである。不正をした者を内部的な制裁だけでなく、町奉行の処罰の対象とさせることができるようにして、懸案だった重板・類板対策を強化し、現代風にいうならば出版を志す者のコンプライアンスの確立をすることができた」（橋口　前掲書）

とはいえ、この日本版の出版ギルドと言える「仲間」は、西欧のギルドのように株所有者の数が限定されたクローズド・ユニオンシップではなく、外に開かれたオープンなユニオンシップであった。すなわち、「仲間」の本屋は仲間に入っていない本屋を「衆外《しゅうがい》」と呼んだが、この衆外が海賊版を出さないよう規制するために、積極的に「仲間」に加入させることを基本にしていたのだ。この点は、現在の日本の書籍業組合と姿勢は同じである。あるいは、「仲間」の時代からの伝統なのかもしれない。

蔦屋重三郎《つたやじゅうざぶろう》が営む書店の店頭
(『画本東都遊《えほんあずまあそび》』葛飾北斎・画、享和2年〔1802〕刊より。国立国会図書館蔵)

ところで、「仲間」に入りたいと思った本屋は参加費を払って初めて仲間の一員と認められ、株（出版の権利）を得ることができる仕組みになっていたが、この株のことを「板《いた》株《かぶ》」（はんかぶ）と呼んだ。だが、なぜ「板株」と言われたのだろうか？

板株からデリバティブへ

一般的な手順で言うと、出版を希望する本屋は、まず「仲間」のうちで重板・類板判定を行ったり出版許可を出す「行事」（行司）に対し、タイトルや内容、あるいは板型などの詳細を記した書類を提出して、許可を待つということになる。「仲間」が出している本と重板・類板になっていないと行事が判定し、出版許可が下りると、本屋は彫り師に命じてテクストやイラストを板目板に刻ませることになる。これが「開板」（開版）で、この「開板」と同時に「板株」が発生する。

一点の本を印刷するのに、たとえば五十枚の板が必要だとすると、その五十枚全部の製作費を一人の本屋が負担する場合、それを「丸株《まるかぶ》」といった。ただし、「丸株」にするには本屋にそれなりの資本がなければならない。また、出版に際してのリスクも当然予想される。そこから、リスクヘッジのために五十枚の板を何人の本屋かで分有するという出版形式が生まれる。これを「相合株《あいあい》」と呼ぶ。要するに板株の証券化である。

とはいえ、証券化であっても、「相合株」が無限に分有されるわけではない。一点の本の出版に必要な板株が五十枚だったら、五十分の一が限度である。なぜなら、一枚の板が五十分の一の「相合株」の証券となるからだ。

また、証券化されている以上、これを売買することも可能である。ただし、売買相手は「仲間」のメンバーでなければならない。たとえば、ある本屋がある本を出版しようと考えたが、売れない恐れがあるので、リスクヘッジのため参加メンバーを募り「相合株」でその本を出したとする。ところが案に相違してよく売れたので、本屋は重版の際には利益を一人占めにするため、「丸株」でいきたくなる。そうしたときには、参加メンバーから「相合株」をせり市《いち》での相場に応じて買い取ることができるのである。逆もまた可なりで、重版の見込みがないと判断された「相合株」は見切って手放されることになる。

また、板株は十年間は有効なので、たとえ、板が実際に刷られていなくとも、さらに言えば彫られていない段階でも、板株の売買は可能である。現物がなくても権利だけが取引されるのだ。こうした板株を「願株《ねがいかぶ》」と呼ぶ。

これからもわかるように、時代が進むと、現物（版木）と売買権は乖離《かいり》し、板株はデリバティブ化するが、それをよく表しているのが、版木が火事で消失したり洪水などで流失したりした場合の扱いである。株の権利は残っているからこれを証券にした取引が可能だったのである。

ちなみに、こうした板株の売買がせり市形式で行われるのは、現物の本のせり市である「市」「市場《いちば》」などと呼ばれていた市会である。これについては後述する。

相合株から相互取次・販売システムへ

「相合株」が誕生したことで、板株は証券化し、デリバティブ取引まで生まれるという高度な商業形態に達したが、この出版資本の新システムは次に新刊書取次の新システムへと横滑りする。

たとえば、本屋仲間のうちの四軒が「相合株」のシステムに乗って資本を投資し、新刊書を刊行したとする。相合株に乗った四軒は版元だから当然、自分の店に新刊書を並べる権利と義務を持つが、この新刊書が販売されているのは四軒に限らない。「相合株」には乗らなかった本屋仲間の他の本屋でも、それぞれの判断で適当な冊数の販売を引き受けるからだ。相互扶助という意味もあるが、それ以上に、もし引き受けないでおくと自分のところで新刊を出したときに引き受けてもらえないかもしれないと考えるのだ。あるいは引き受けておけば自分の新刊も引き受けてもらえるという思惑が働き、相互的取次業務が成り立つのである。

こうした相互的取次は、本屋仲間の内部だけでシステム化されていたわけではない。江戸時代には、京都、大坂、江戸、遅れて名古屋にも本屋仲間が生まれたが、こうした都市間でも同じような発想から相互的取次システムが発達していったのである。

「京・大坂・江戸の三都間で本を売るには、個々の本ごとに販売代理店にあたる『売り捌《さば》き店』を決めて、それぞれの都市での販売を委託していたのである。ある江戸の本屋が出した本を、京都ではここ、大坂ではそことというふうにあらかじめお互いに取り決めをしておいて売るのである。その場合の売り捌き店もそれぞれ本屋であって、専業の卸ではなかった」（橋口　前掲書）

ついでに言っておくと、「相合株」という資本相乗りシステムから横滑りした「専門取次なしの本屋間相互取次」というこのシステムは、日本に限ったことではない。同時代のヨーロッパでもまったく同じような資本相乗りシステムと専門取次なしの本屋間相互取次システムが機能していたのである。両者の相似は驚くばかりだが、どちらがどちらを真似したというわけではなく、書物という商品の特殊性から自然発生的に生まれたものと思われる。この点に関しては、橋口氏の次のような説明が説得的である。

「それ［書籍という商品の特殊性］は多品種少量生産物だということである。（中略）江戸時代の本屋業というのは、この多品種の商品をできるだけ多く集めて顧客の要望に応えるという方法で成り立っていた。ベストセラーを店頭で山積みして大量に売るような商売はまだ少ない。大量販売は江戸時代後期の草双紙《くさぞうし》や読本《よみほん》くらいである。

現実の本屋の商売を見ていくと、一つずつの単価や品量は少ないが、全体で収益をあげていく構造になっていた。これを出版だけの業者、流通だけの本問屋、販売だけの店に分かれて扱うことは不可能である。一点ごとの書籍があまりに少ないこともその理由のひとつだが、売り先も限定的だからだ。（中略）いわゆる新刊本として入手できるものもあろうが、多くは古本でまかなう。厖大《ぼうだい》なアイテムを対象とするため、新刊書だけではとうてい品揃えは不可能なのである。むしろ、本屋にとっては古本は重要な基盤であった」（同書）

この最後の部分に注目していただきたい。なぜなら、古本こそは多品種少量生産物の最たるものだからである。ゾッキ本を除いて、古本というのは、需要が大きいからといって、いくらでも仕入れできるような商品ではない。在庫している一点のみが販売できる商品であり、それが売れたら次の入荷はいつになるかはわからない。では、どうするか？

誰もが考えることは、強い需要のある古本をコピーすること。つまり、復刻、復刊である。もちろん、復刻、復刊には本屋仲間の行事の裁定を仰がなければならないが、これが

ＯＫとなったら、それは多品種少量生産物という古本の宿命を免れた新しい商品の誕生を意味する。

出版社と新刊本屋の原点は古本

おそらく、出版部門を持つ物之本屋の多くは、少なくとも店舗スタート時においては、供給を古本に頼っていたのだろう。しかし、古本は供給に難があるから、コピーとしての復刻本、復刊本を作って供給を増やせば需要を満たすことができる。海賊版である重板も似たような発想に基づくものだが、こちらは売れ筋の古本をコピーするのではなく、売れ筋の新刊をコピーしたものであるという点が違法だったのである。

ただ、いずれにしても、多品種少量生産物という本の宿命を免れようとする努力の結果である点では変わりない。やはり、古本から復刻本、復刊本へ、そして、そこからオリジナルな新刊本へというのが進化の方向性なのである。つまり、どうせ復刊するなら、少しは体裁や内容をアップツーデートなものにして復刊するという発想が起こり、そこからついにオリジナルな書籍が登場したということなのだろう。

このように、本屋の四業態のうち、出版、新刊販売、取次という三業態の起源をたどっていくと、結局、古本販売という業態が立ち現れてくることになる。古本販売こそが起源なのであり、他の三業態は派生的な部門にすぎないのだ。

しかし、実店舗型の古本販売が発生した時点（おそらくは室町後期から安土桃山時代）に立ち返ってみたとしても、「古本のみの販売」というのは、普通に考えても、経済合理性に欠けている。つまり、いつの時代でも、扱い品目を古本に限定して、新刊を扱わないというのは、経済的に合理的ではない。売れるものであれば、古本でも新刊でもかまわないというのがノーマルな考え方なのである。

問題は、古本を補うべき新刊の点数が圧倒的に少なかったことである。ネックはここにあったのだ。だから、本屋は古本プラス寺社系統の新刊本扱いから始まって、すぐに売れ筋の古本の復刻へと進んで、新刊出版の業態が加わり、そこから必然的に四業態の併存に移行したのである。

再構成システムとしての市の起源

では、本屋の原点が古本にあるとして、その起源において古本の流通はどのように確保されていたのだろうか？

橋口氏は、江戸時代の本屋主人が残した日記などを複数参照することにより、古本の流通の要である「市」「市場」の起源は十七世紀にまで遡れるとして次のように言う。

「市そのものは十七世紀中に始まっていた可能性はある。しかし、確実な記録は享保年間（一七一六―三六）以降である。それが徐々に整備されて、宝暦年間（一七五一―六四）に本屋仲間の公式な市場として制度的に固まる。『市屋株』という市場を開く権利をもった店に株を与えることで正式な機関としたのである」（前掲書）

これを読んで、あるいは、古本業者の間で古本を循環させる市がそれほど昔から設けられていたのかと驚く人もいるかもしれない。ほとんど、古本屋の誕生と同じではないか！

しかし、よく考えてみれば少しも驚くことはない。古本には市を要求するという本質があるのだ。

それは蔵書家から蔵書を丸ごと買い取った古本屋が、その蔵書を丸ごと買ってくれる別の蔵書家を見つけるのは非常に難しいということに起因する。古本屋は引き取った蔵書を、自分の分類にしたがって再配列しなければならないが、しかし、再配列を済ませた古書のすべてが自分の店で同じように売れるわけではない。江戸時代は同じ都市内でも職業によって居住地域が決まっていたから、地域によって売れ筋の本も異なり、売れる本と売れない本が出てくる。たとえば寺町にある古本屋は仏教関係の本はよく売れるが、大衆的な本は売れない。町人町にある古本屋はその逆である。

このような「引き取ったはいいが自分のところでは売れない本」の扱いに困ったあげくに考え出されたのが「市」なのである。

そして、「市」がいったんできあがってしまうと、「市」は古本屋にとっての問屋としての機能も果たすようになる。つまり、「市」に行けば自分の店でよく売れる本の仕入れをすることができるし、売れない本を買い取ってもらえるというわけだ。

このように、「市」というのは古本屋が成立するのとほぼ同時に成立したと見なしてよいのである。

価格形成システムとしての市

ところで、市というものはたんに商品の交換を本質とするだけではない。もう一つ、価格の形成という機能がある。
A、B、C、Dという古書販売業者がいて市にそれぞれ購入してきた古本を出したとしよう。彼らの専門が完全に別々で無競争ならばいいが、Dが出品した同じ古本をA、B、Cの業者が欲しがったらどうなるか？　一番公平なのは、「せり」か「入札」だろう。A、

B、Cが同じように強く対象品を欲すれば、対象品のせり値は高くなり、その逆なら安くなる。そして、このときの落札価格が次のせりのときの参照価格となる。相場はこうして形成されるのである。
　このような「市」での相場価格の形成は現在もほぼ同じだが、江戸時代の「市」においては、交換されたり、せりや入札にかけられたりするのは古本に限らなかった。もう一つ、板木という重要なせり品目があったのである。

「市では、古本も板木もせりや入札で値

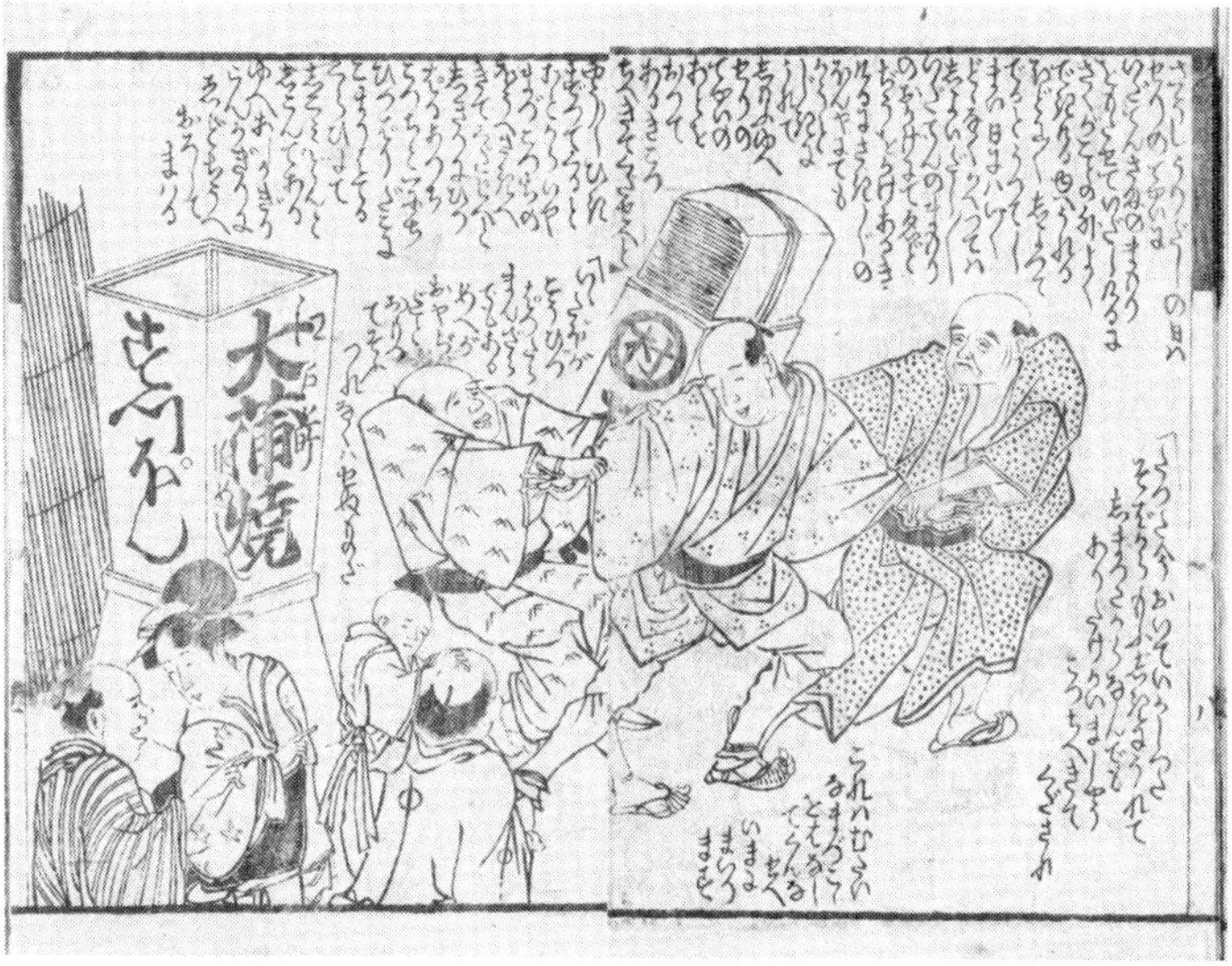

十返舎一九《じっぺんしゃいっく》の黄表紙『的中地本問屋《あたりやしたじほんどいや》』（村田屋次郎兵衛板、享和2年〔1802〕刊）に出てくる「セリの手合い」（下請け販売員）（国立国会図書館蔵）

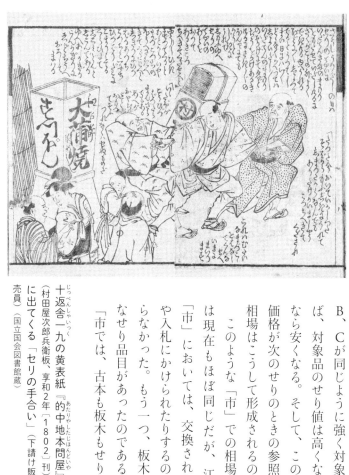

を決めていく方法がとられた。板木がいわば『出版権』を意味する板株の担保になり、その売買が盛んになっていったことと深い関係にある。板木を相対《あいたい》で個別に値段を交渉して売買することも行われたが、ひとつの品に複数の買い手が想定される時には、競《せ》らせることで値を決めていく方法が有効である」（橋口　前掲書）

明治初年に古本屋と新刊本屋が分離し、さらに新刊本屋から出版社と取次が分離していったことで、出版権とイコールの関係にあるこうした板木（版木）の「市」もなくなったが、三業態離脱で残った古本販売業には古本の「市」ないしは「市会」だけが残ったのである。

ところで、江戸時代の市には本屋仲間の全員が参加するわけではなかった。市にはある種の専門性や地域的近接性を持った特定の仲間だけが参加した。本屋仲間という上部団体の傘の下に、市仲間という下部団体がいくつかぶら下がるという構えになっていたのである。この下部団体としての市仲間を組織する許可（本屋仲間の行事が与えた）を「市株」といい、市は市株を持つ仲間の店で開かれたり、あるいは貸席を借りて催された。こうした市の開かれる場所のことを、江戸では「市宿」、京都では「市屋」と呼んでいた。

市の決済システムと売子（セドリ）

現在の古書の市会にまで引き継がれていると思われる江戸時代の市のシステムとしては、せり（入札）代金の決済法と手数料の割合がある。橋口氏は、『大坂本屋仲間記録』という史料を読み込んで、こうした細部について次のような現代語訳を掲げている。

「荷物を出す売り主にはその月の晦日に売り上げ分を支払い、買い主はその前の二十七日までに支払うことという行司からの達しが出た。晦日に払うにはその前に資金を確保するために買い方に早めに支払わせる必要がある。（中略）

基本的には売り主から五分（五％）の手数料を徴収し、そのうちの一分を、板木の取引の際には二分を仲間に納入した」（前掲書）

主語などが抜けているのでわかりにくいかもしれないが、「売り主」に「売り上げ分を支払」ったり、「買い主」からの支払いを受けるのは、市を開催した市主である。市を開催した市主には、仲間への納入金を除くと、全体の売上の四パーセントか三パーセントが入ってくる計算になる。これは現在もそれほど変わっていないのではなかろうか？

しかし、江戸時代の市と現在の市会とでは、ひとつ異なったところがあった。それは

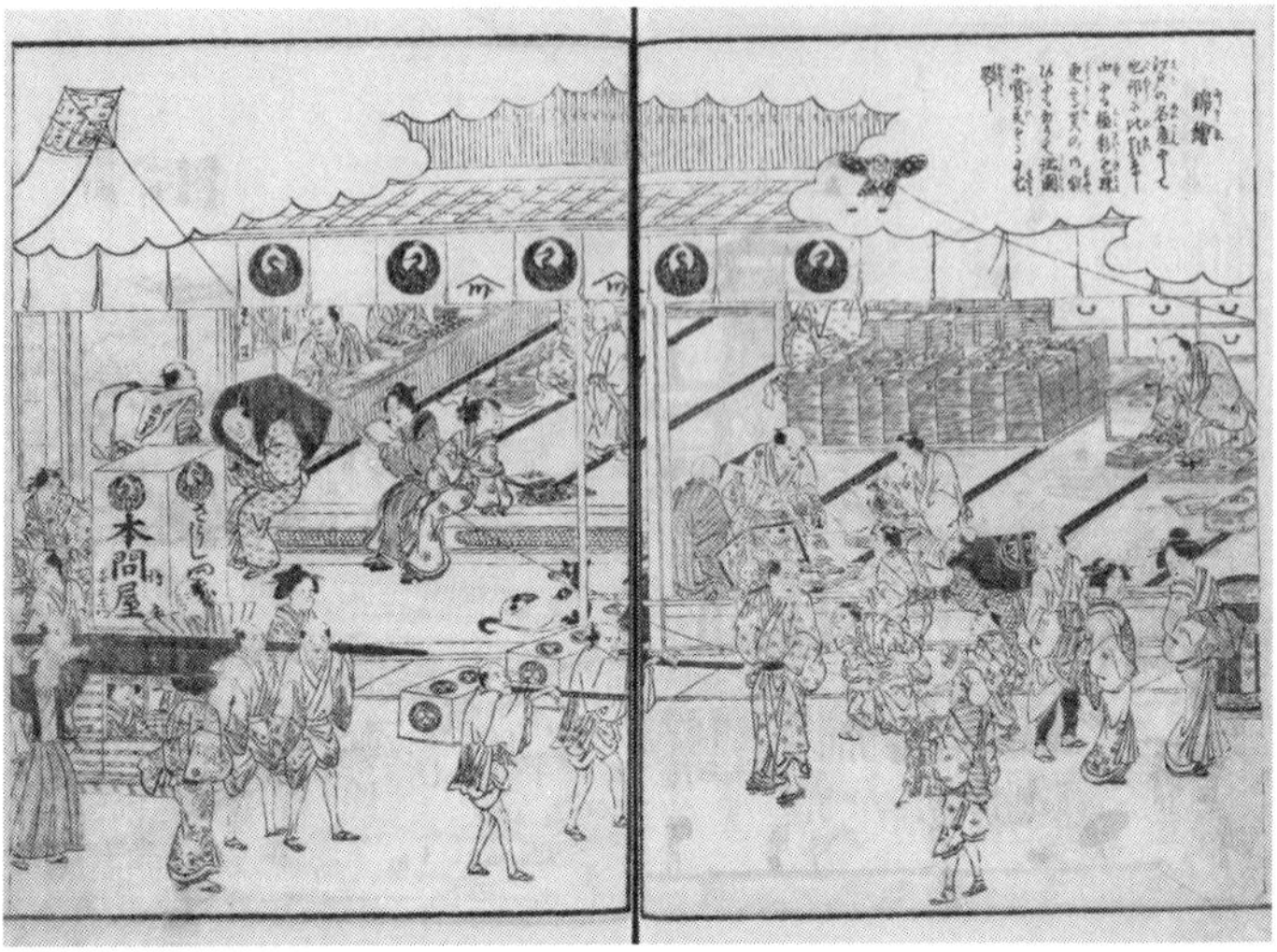

日本橋通《とおり》油町《あぶらちょう》で本問屋を開いていた鶴屋喜右衛門《つるやきえもん》の店先。左に風呂敷包みを背負う本のセドリらしき男が描かれている。（国立国会図書館蔵）

「売子《うりこ》」「世利衆《せりしゅう》」「世利子《せりこ》」などと呼ばれる、本屋仲間以外の者が市に参加していたことである。この「売子」「世利衆」「世利子」とは、板株（新刊本の出版権）を持たずに、本だけで商売をしている遊軍的存在である。彼らは、正規の本屋仲間のメンバーを「親」とし、その「子」として働いていたため「売子」「世利子」というように「子」付きで呼ばれていた。その仕事は、「親」である本屋仲間のメンバーが出版した新刊本の販売・取次、「親」から委託された古本の販売や仕入れ、それに無店舗型の貸本業務などが主だったが、こうした仕事は利幅が少ないので、利益をどこかで補わなければならなかった。そこで、背中に風呂敷包み一つでどこにでも出かけられた身であることを利用して、もう一つの仕事に精を出した。いわゆる「セドリ」である。つまり、古本屋、さらには古道具屋や縁日などまで回っては掘り出し物や格安品を見つけ、これを転売することで大きな利益を得ていたのである。

この「売子」「世利衆」「世利子」が格好の「売り場」としていたのが「市」だった。つまり、現代と違ってこれらの遊軍的存在の人たちにも、それが本屋仲間のメンバーの「子」でありさえすれば、市で「売り」も「買い」もできたのである。

「売子からすると、売親一軒だけであげる収入より、ほかの本屋にも売り込みたい。とはいえ、それにふさわしい本屋にも売り込みたい。とはいえ、それにふさわしい本屋と渡りがつけられるかどうかは確実ではない。そこで複数の店が競う市ならより高値で売れる可能性がある」（橋口　前掲書）

このように、市こそは売子たちにとって最適な売り場だったわけだが、しかし、それは、本屋仲間のメンバーにとっても意外な古本を見つけられる買い場であることを意味していた。いずれにしろ、市は売子のような遊軍的な存在が、足と根性で探し出してきた珍書、稀覯《きこう》本の類で勢いを保っていたのである。

「草紙屋」とはどのような本屋だったのか？

さて、以上、詳述したように本屋仲間（書林仲間）は自ら組織した「市」によって仕入れを確保し、版木のデリバティブ取引を行って出版のリスクヘッジまでするようになったのだが、ここで忘れてはならないのが、この本屋仲間は江戸の書籍業界の上位に立つ「物之本屋」の組合、すなわち仏教書、儒学書、軍書、歴史、伝記などの「硬い」本を扱うアッパークラスの書籍商の組合であったということである。つまり、同じ江戸の書籍商でも、草紙本《そうしぼん》、という挿絵入りの大衆本を扱っていた「草紙屋《そうしや》」と呼ばれたローワークラスの書籍商たちは別の仲間組織を作り、別の規約に拠って商売をしていたという事実を視野に入れておかねばならないのだ。

では「草紙屋」とはいったいどのような本屋だったのか？

しかし、それに答えるには、「物之本屋」の扱う物之本と「草紙屋」の商う草紙とはどのような差異があったのかをまず確認しておかなければならない。

その違いは橋口氏の定義によれば次のようなものであった。

「草紙は、絵を豊富に入れた浄瑠璃《じょうるり》などの演劇や音曲もの、子供向けのお伽《とぎ》話、武者ものなど娯楽性の高いもの、往来物や実用書などの生活に密着した本など、あくまでも読者層を大衆や子供に向けた冊子である。あるいは、物之本が大本《おおぼん》（ほぼ現在のB5判）ないしは半紙本（ほぼA5判）で、丁数《ちょうすう》も多く、地味な形ながら厚手の紙で表紙をつける装訂《そうてい》であるのに対して、草紙はその半分のサイズ（中本《ちゅうぼん》、小本《こぼん》）が多く、本の厚さも薄い、それでいて表紙はむしろ派手な色刷りにすることが多い」（前掲書）

このように両者の違いは歴然としていたが、ただ一つだけ共通点があった。それは両者とも、複製技法が活字印刷と比べると格段に安あがりで簡単な木版印刷だった点である。もちろん、活字印刷のように何千部も刷ることはできず、一回に二百部程度が限度だったが、小回りがきいたことは確かで、これが江戸の書籍文化の豊饒《ほうじょう》さを支えていた。いわば、江戸の出版は、物之本でも草紙でも「重出版」ではなく「軽出版」なのであり、資本の少ない本屋でも新規参入が可能だったという点が、活字本の出版とは大きく違っていたのだ。

また、物之本屋について言えた板株の分割性によるリスクヘッジやデリバティブ性などの発展要因は草紙本屋も同じように有しており、むしろ、これを物之本屋以上に積極的に活用していた。

ただ、当然ながら違いもあった。物之本屋のほうが草紙本屋よりも参入の障壁は高く、資本も多く必要だった。逆に、草紙本は、小資本で経験の浅い者にも開かれていたが、自由の多い分だけリスクも大きく、一六勝負《いちろくしょうぶ》のような面が強かった。

とはいえ、同じ草紙本と一括されるジャンルの中でも、浄瑠璃本、仮名草子、浮世草子《うきよぞうし》、洒落本《しゃれぼん》、草双紙（赤本《あかほん》、黒本《くろほん》・青本《あおほん》、黄表紙《きびょうし》、合巻《ごうかん》）、読本、滑稽本、人情本などのさまざまなサブジャンルが存在し、サブジャンルの内部でも、また時代によっても、内容、名称、様式が微妙に異なっていた。

だから、草紙本というジャンルに共通する特徴を抽出するにしても、とりあえずは、内部的差異に眼を向けておかなければならない。

以下、草紙本のサブジャンルの定義を試みてみよう。

①浄瑠璃本

上里春生は『江戸書籍商史』で「江戸時代の小説なるものは、一の独立した文芸であつたといふよりも、寧《むし》ろ歌舞伎芝居を間接に宣伝し讃美する為の一種の附帯機関ではなかつたかといふ疑問が起る」と述べている。江戸時代の初期に、草紙本の代表となっていた浄瑠璃本はまさにこの説を裏づけている。

すなわち、浄瑠璃本とは、江戸開府から元禄にかけて京都・大坂で盛んだった近松門左衛門などの人形浄瑠璃の台本の出版からスタートし、次第に挿絵を多くする一方、節付けを簡略化し、読み物としての独立を志向したジャンルなのである。最後には意味が拡大し、時には草紙本全体の総称ともなった。上里春生が『江戸書籍商史』で挙げている延宝五年（一六七七）刊の『江《え》戸雀《どすずめ》』などのガイドブックでは書肆分類として「物之本屋、唐本《とうほん》屋、書本《かきほん》屋、浄瑠璃本屋、板木屋」の五分類が掲げられている。ちなみに唐本屋とは中国からの輸入書籍の本屋、書本屋とは写本専門店、板木屋とは版画専門店だから、浄瑠璃本屋は物之本屋に対立する草紙屋の意味を持っていたのである。

②仮名草子

江戸開府から井原西鶴の『好色一代男』上梓の天和二年（一六八二）までに主に京都で出版された仮名交じりの説教臭、教訓臭の強い読み物。明暦・寛文年間（一六五五―七三）が最盛期。遊女評判記の類もこれに含まれる。

③浮世草子

日本的リアリズム文学の金字塔である井原西鶴の『好色一代男』上梓の天和二年（一六八二）から約百年間、大坂と京都を中心に多数出版された小説本を指す。中でも、京都の八文字《はちもんじ》屋《や》自笑《じしょう》から出版された浮世草子は「八《はち》文字《もんじ》屋《や》本《ぼん》」と呼ばれ、評価が高い。

④洒落本

西鶴の遊里物に起源を持ち、明和年間の一七七〇年から寛政年間の一七九

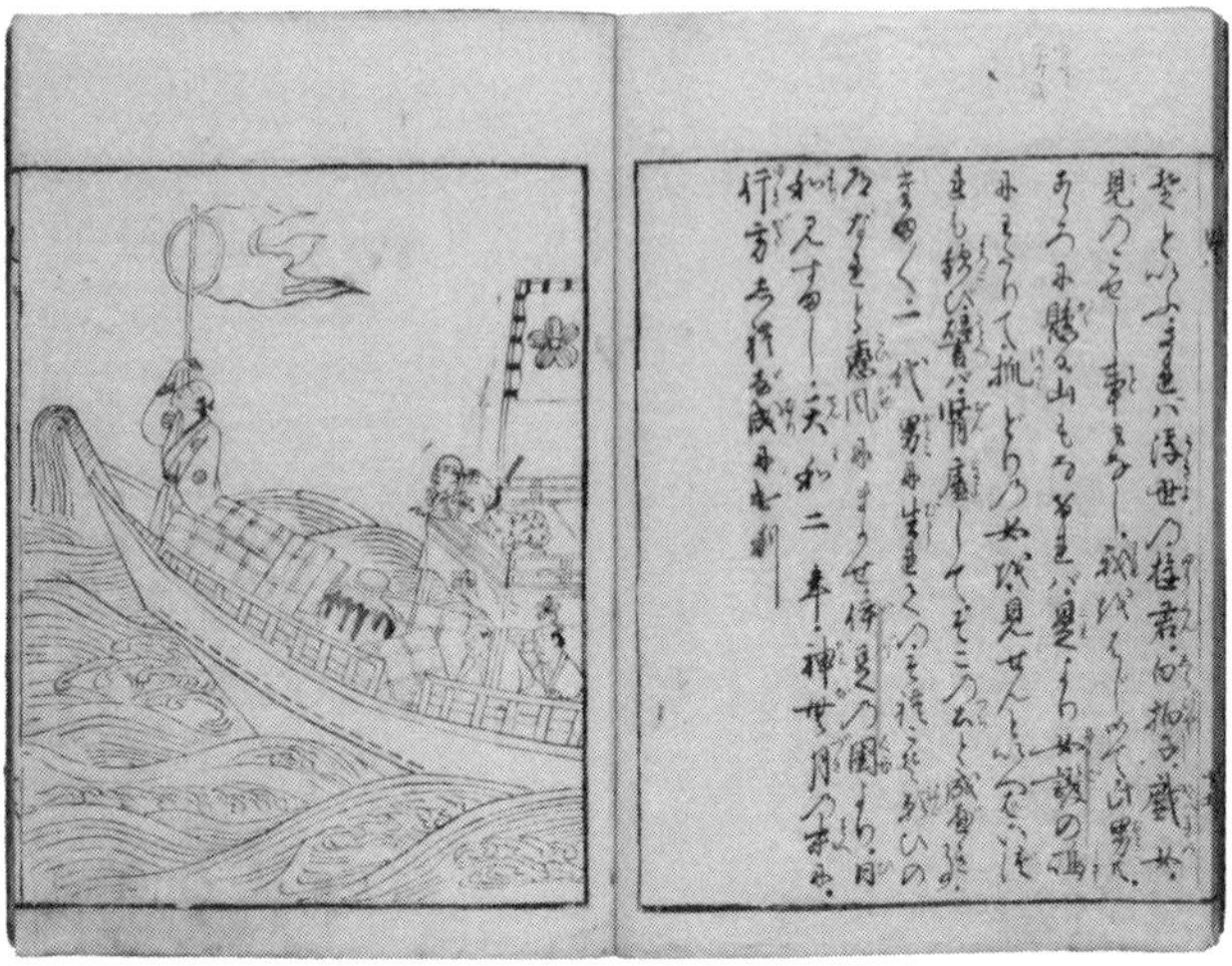

浮世草子『好色一代男』（井原西鶴作、天和2年〔1682〕刊）（国立国会図書館蔵）

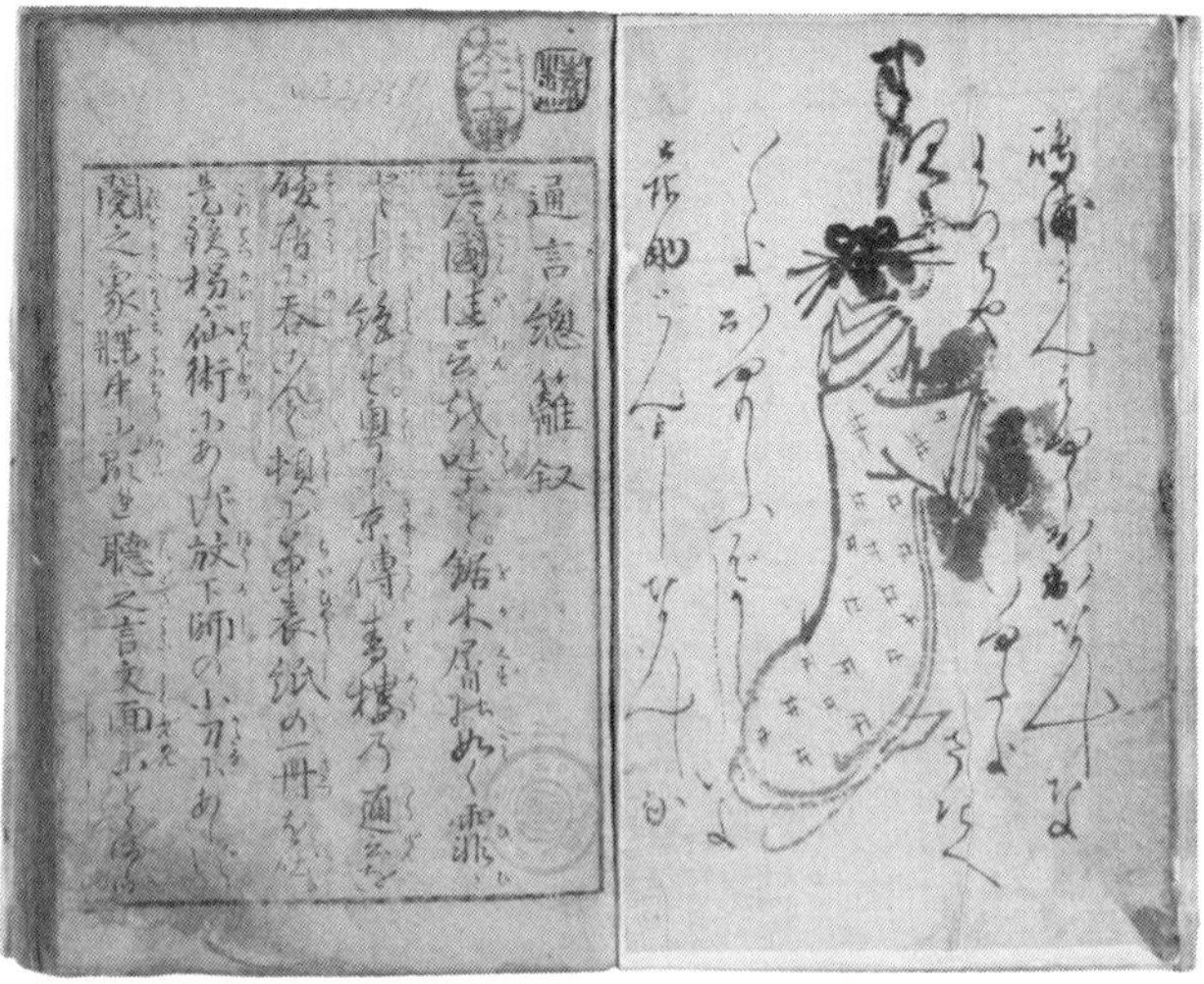

洒落本『通言総籬《つうげんそうまがき》』（山東京伝作、山東鶏告《けいこう》画、天明7年〔1787〕刊）（国立国会図書館蔵）

○年にかけて最盛期を迎えた、ある種の生き方指南本。吉原などでの遊びのガイドブックの体を取りつつ、野暮を退け、粋を賛美するのを目的とする。大田南畝《おおたなんぽ》（蜀山人《しょくさんじん》）、山東京伝《さんとうきょうでん》が代表的作者。松平定信の寛政の改革が進行する中、寛政三年（一七九一）に京伝と版元の蔦屋重三郎《つたやじゅうざぶろう》が摘発され、京伝は手鎖《てぐさり》五十日、蔦屋は財産半減の厳罰を受け、以後、洒落本は衰退に向かった。

⑤草双紙

江戸中期から出版された挿絵の占める割合の大きな娯楽本で、赤本・黒本・青本、黄表紙、合巻などの総称。絵草紙《えぞうし》、絵本とも呼ばれる。下位分類は以下の通り。

Ⓐ赤本　寛文年間（一六六一―七三）に出た表紙の赤い草紙。内容は昔話やお伽草子・説話などの子供向きストーリーの焼き直しだが、挿絵を担当した絵師が菱川師宣《ひしかわもろのぶ》、奥村政信《おくむらまさのぶ》らの一流どころであったため、大人も購入した。それにつれ内容も向上した。版元としては鱗形屋孫兵衛《うろこがたやまごべえ》が有名。

Ⓑ黒本・青本　赤本のスタイルを真似て延享年間（一七四四―四八）から安永年間（一七七二―八一）にかけて流行した絵草紙。表紙が黒い本は黒本、萌黄《もえぎ》色の本が青本と呼ばれた。退色して萌黄色になる前は、表紙は青か

ったからである。絵は黒本、青本とも鳥居派《とりい》（鳥居清元《きよもと》に始まり、清信《きよのぶ》が確立した浮世絵の一派）の画家が担当した。内容は浄瑠璃本や浮世草子の焼き直しが多く、まだ子供向けの面が残っていた。

Ⓒ黄表紙　鱗形屋が安永四年（一七七五）に出した恋川春町《こいかわはるまち》作・画の『金々先生栄花夢《きんきんせんせいえいがのゆめ》』がその内容の高さゆえにジャンルを青本から独立させるきっかけとなる。黄表紙とは青色の表紙が退色して萌黄色に見えたための命名だが、以後は最初から黄色になる。内容的には皮肉とユーモアと洒落を基調とし、江戸の社会への諷刺《ふうし》も含まれているため、寛政の改革で発禁となったものが多い。発禁以後は仇討ち物が中心となる。

Ⓓ合巻　黄表紙が仇討ち物となり長くなりすぎたので、圧縮して綴じたことで合巻と呼ばれるようになり、ジャンルとして独立した。仇討ち物から御家騒動物になったため、天保の改革で発禁となり、人気が衰えた。草紙本の中では最も文学性が高いジャンル。中国の白話《はくあ》（口語・日常語）小説の影響から出発し、歴史に取材した伝奇的ストーリーが多い。挿絵は最初少なめだったが次第に多くなった。上田秋成《うえだあきなり》の『雨月物語』（一七七六）、曲亭馬琴《きょくていばきん》の『南総里見八犬伝』（一八一四―四二）が代表作で、文化文政年

⑥読本

黄表紙『金々先生栄花夢』（恋川春町作・画、鱗形屋孫兵衛板、安永4年〔1775〕刊）（国立国会図書館蔵）

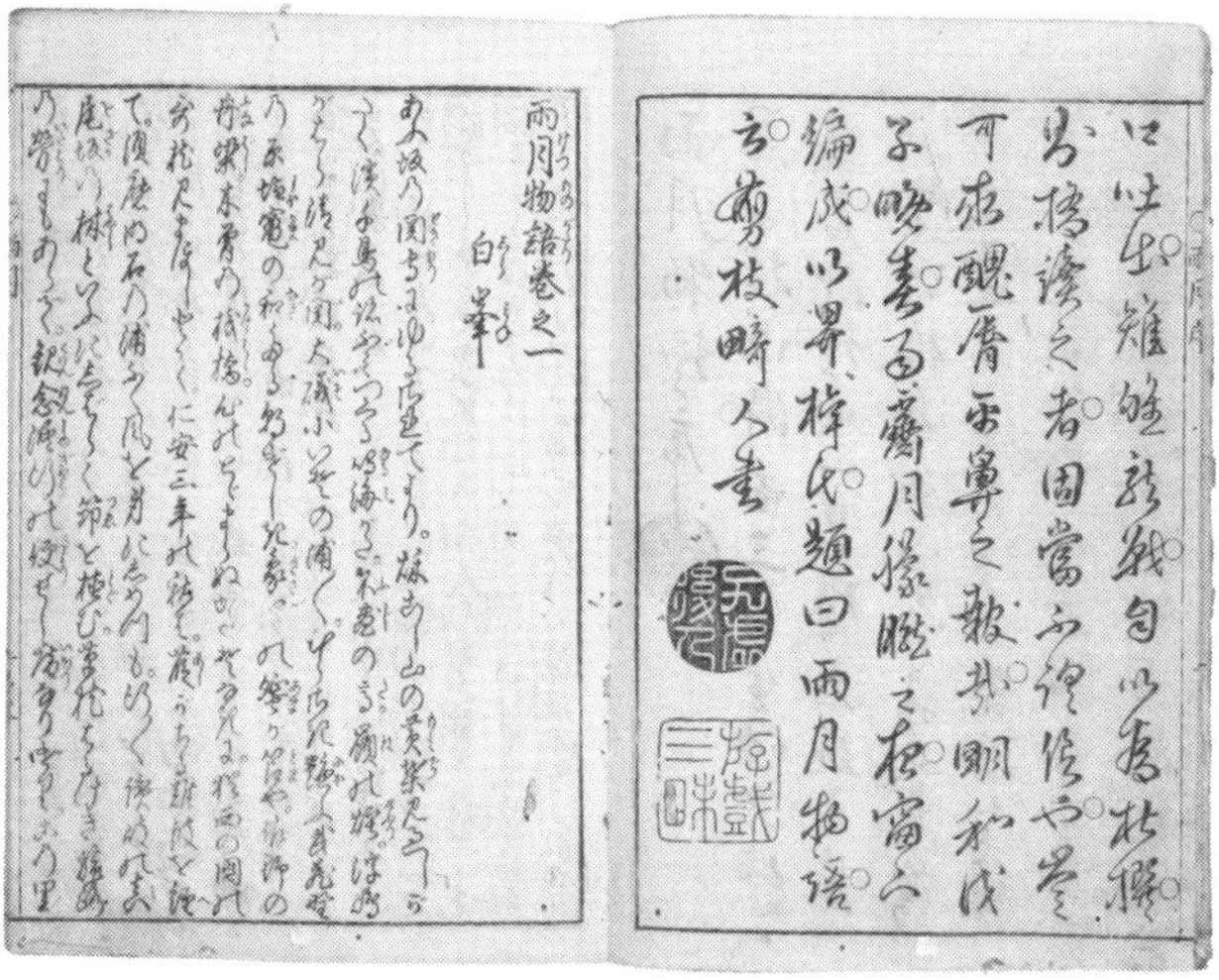

読本『雨月物語』（上田秋成作、安永5年〔1776〕刊）（国文学研究資料館蔵）

滑稽本『東海道中膝栗毛』（十返舎一九作、享和2―文化6年〔1804―09〕刊）（国立国会図書館蔵）

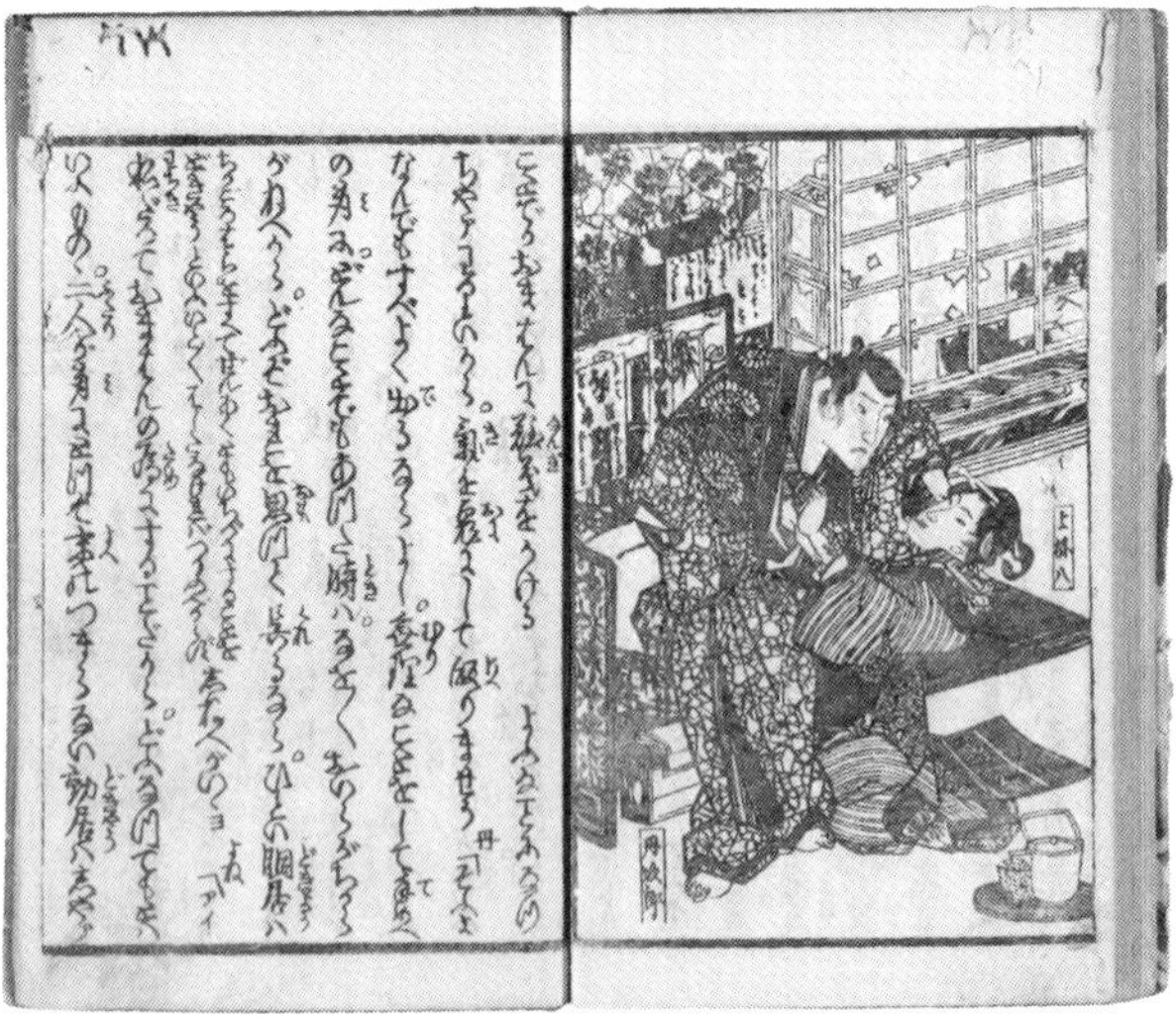

人情本『春色梅児誉美』（為永春水〔狂訓亭主人〕作、天保3―4年〔1832―33〕刊）（国立国会図書館蔵）

間（一八〇四―三〇）が全盛期。

⑦滑稽本　享和年間（一八〇一―〇四）から文化文政にかけて流行した会話主体の談義本の一つ。十返舎十九の『東海道中膝栗毛』（一八〇二―〇九）、式亭三馬《しきていさんば》の『浮世風呂』（一八〇九―一三）が代表作。当時の生の会話や音韻が拾えることから言語学にとってのハンティングワールドと言われる。

⑧人情本　江戸後期の文政年間から天保年間（一八三〇―四四）まで人気だった恋愛風俗小説。為永春水《ためながしゅんすい》の『春色梅児誉美《しゅんしょくうめごよみ》』（一八三二―三三）が代表作。

さて、こうして並べてみると、「物之本」と並べて蔑まれていた草紙本が、結局、江戸時代を代表する文学作品を生み出す母体の役割となったという事実がよくわかるのではないだろうか？　ひとことで言えば、サブカルがハイカルを生んだのである。

ところで、こうしたサブカルがハイカルに「直る」という価値逆転現象だが、われわれの戦後世代はすでにこれをどこかで経験してきたような気がする。

そう、昭和三十年代には悪書と断罪された漫画がいまやハイカルとして展覧会の目玉となり、大学の研究対象として取り上げられているのと非常によく似ているのである。草紙本は、後に漫画がこれをなぞることになる価値逆転現象の先駆形態なのである。

上里春生は『江戸書籍商史』で草紙本を支持した江戸の一般民衆についてこう述べているが至言だろう。

「一般民衆は、茲《ここ》に於て、自己教養の有力な資料を見出したのである。教化機関の乏しかつた当時に於て、この小説や絵ほど彼らを利したものは無かつた。あの取つ付きのい丶、極く安易な親しみ易い気分は、厳いばかりの権力階級の意識的支配下で、恫喝《どうかつ》される為の、卑屈にされる為の、暴政に慣らされる為の、教育をして貰ふより、どんなに晴々とした心持ちで彼ら自らを意識せしめたか知れない。彼らは進歩した。彼らは遂に彼らの自主的啓蒙運動によつて、自らを遥かに高めていつた」

なるほど、われわれ戦後世代が漫画を「自己教養の有力な資料」とし、漫画を介して「自主的啓蒙運動によって、自らを遥かに高めていった」のと同じように、江戸の民衆は草紙本を通じて文学的・社会的リテラシーを向上させていったのである。

ところで、こうした民衆の自己教育機関となった草紙本を民衆に安価に提供するという点において殊勲甲だったのは草紙本を扱う草紙屋であったが、彼らは江戸において地本問屋と称し、物之本屋の本屋仲間（書林仲間ないしは書物問屋仲間）とは別に、江戸の中期頃から草紙屋中（後に地本草紙問屋仲間となる）という仲間組織を形成していた。

ただし、この仲間組織は本屋仲間とは異なり、幕府公認の独自の行事を持たず、組織員たる仲間は本屋仲間の下に従属するかたちを取っていた。草紙屋はどこもかなり自由な開版をしていたが、自由であればあるだけ類板が出回りやすかったので、紛争が起こったときには本屋仲間行事の裁定に従うという合意形成をしていた。この方法は本屋仲間にとっても好都合だった。

「草紙屋中を独立した仲間組織とは認めないかわりに、仲間が公認する草紙本の市場を別個に立てて本の取引を活発化させる一方、類板などの不正を規制する場にもしようとしたわけである。あくまでも、本屋側に従属させる形をとりながら、草紙屋の不満解消をはかったのである。結局この形に落ち着き、以後幕末まで続く」（橋口　前掲書）

ひとことで言えば、草紙本屋は、なによりも自由を欲するがゆえに自分たちの仲間組織である草紙屋中を作っても行事を置かなかったのだが、しかし、あまりにアナーキーなのは困るので、コバンザメのように本屋仲間の下にくっついて、市の権利を利用すると同時に類板の裁定を仰いで、面倒を回避しようとしたというわけだ。なかなか頭のいい解決法ではある。ただし、江戸後期に権力の弾圧が厳しくなったために、草紙屋中にも行事が生まれ、本屋仲間とは別の行動をとるようになったようである。

と、このように江戸時代も幕末に近づくにつれて、本屋仲間と草紙屋中（地本草紙問屋仲間）の力関係も伯仲し、物之本屋と草紙本屋の境界線もあいまいになってきたが、そうした状況を反映してなのか、やがて、クズ本扱いされて蔑まれていた草紙本の世界から、しかもその世界の最底辺に生きる売子（セドリ）の中から新しい才能が姿を現してくるのだ。すなわち、草紙本の中に価値を見いだし、これを商売の原資としようとする革命的な人物が古本業界の中から出現してくるのである。

では、古本業界の売子という遊軍的な存在から身を起こし、自らを創造的古本屋第一号とした人物とはいったいどのような出自を持っていたのだろうか？

古書専門店「待賈堂」達摩屋五一

古書の「売子」から出発し、新刊本はあまり扱わない古書専門業者となった人物がいる。江戸末期に彗星のように現れ、古書そのものの意味を変えたと言われる「待賈堂《たいかどう》」達摩屋《だるまや》五一《ごいち》がその人である。

この達摩屋五一については、青木正美氏の『古書と生きた人生曼陀羅図』（日本古書通信社）が詳しいので、これに拠って簡単なポルトレ（言葉による肖像）を描いてみよう。五一の孫（五一の養子・岩本三二《さんじ》の子）の岩本米太郎が発行者となって大正六年（一九一七）に出た五一の遺稿集『瓦《かわら》の響《ひびき》――しのぶくさ』に添えられた系図によると、五一は「岩本氏、尾・紀両家御蔵預り」であった父の五男として文化十四年（一八一七）に生まれた。「御蔵預り」とは大名家御用達の米穀商のことである。家業は長男が継いで次男以下は他の業種の奉公人になるという当時の商人の伝統に従い、五男であった五一は家業は米屋だったが、十二歳のときから北沢貞助という本屋に奉公に入った。母親が江戸後期の歌人・香川景樹《かがわかげき》の門人である稲村三羽《いなむらみつは》の妹だった関係で幼い頃から和歌に親しんでいたので、モノとしての古本ばかりか内容にも興味を持ち、他の本屋で目ぼしい古本を見つけては売子《セドリ》を始めるようになった。ところが、金を稼ぐとその金を放蕩に費やすという生活が続き、勤め先から三度暇を取ったというから、若いときには腰の落ち着かない遊び人にすぎなかったのである。

ただし、二十二歳で両国広小路の書店・山田方の番頭になったという事実から判断して、古書への眼力はそれなりに備わっていたものと思われる。また、同じ頃から初代花廼屋光枝《はなのやてるえ》の門人となり狂歌狂文をものしたというから文才も際立っていたのだろう。

ところが、その後、放蕩が祟ったのか、五一は山田方を去り、風呂敷一つを背中にかついだセドリ稼業に精を出すようになる。おそらく、このセドリを続けているうちに古書の目利きとしての才能が開花していったのだろう。先に示したように、この時代には「売子」も市に出入りして売り買いできたので、古書への興味がある売子にとって、毎日が勉強になったのである。

だが、五一のせっかくの才能もまたセドリで得た金も放蕩のために浪費され、二十五歳のときには借金のため夜逃げして栃木へ遁走《とんそう》するはめになる。しかし、夜逃げするならその前に一目だけでも惚れた女に会っておきたいと思い、ある晩、吉原の女のもとを訪ねたところ、その遊女から、「私は栃木の晒屋《さらしや》の娘で誘拐されてこんなところに来てしまったのですから、栃木へ行ったら両親の家を訪ねてください」と言われて五両の金を差し出された。この金を手にした五一は「これだけ金があったら栃木へ行くことはないだろう。こいつは一番宗旨を変えずばなるまい」と、以後、真面目に仕事に取り組み始めたという。その後、遊女に借りた金を返したとは書かれていないので、そのままにしてしまったのだろうか？　ひどい話だが、とにかく五一は心機一転、人に勧められて西久保切通シに店を出したところ、これが思いのほか儲かった。

そこで、妻を娶《めと》ると、日本橋西岸の四日市《よつかいち》に店舗を設け、初めて「珍書屋」の看板を掲げた。この「珍書屋」の意味について、青木氏はこう述べている。

「待賈堂の一枚看板『珍書屋』の意味だが、今日の古書店を意味したと思われる。周知の如く、江戸時代にあっては出版と新本の小売が書店稼業の大部分で、古本などほんのついでに置くくらいのもの。第一それでなくては商売にならず、古本だけでは到底生活して行けなかったのである。その上掲げたのが珍書屋である。内容は古い版本か写本の類だったのだろうが、五一は熱心にそれを集めた。朝早く起き、遠近を問わずかたわら古本を置く同業をテクテクと訪ね、漁り歩き、夜遅くまで店頭で古書の売り手を待った」（『古書と生きた人生曼陀羅図』）

『珍書屋』には新刊本がまったく置いていなかったとは言いきれないが、古書に商売を集中させていたのだから、われわれが定義した狭い意味での古書店が誕生したと言っていい。では、五一はなにゆえに時代の風潮に逆らってまで古書専業を選択し、またそれを店名に掲げてアピールしたのだろうか？

それは、五一が古書店主には珍しく、自分が集めた商品たる古書を自分で読み込んで、内容の善し悪しまで判定する古本屋だったからにほかならない。

反町茂雄は『反町茂雄文集　上　古典籍の世界』で次のように述べている。

「五一は読書欲が旺盛で、読解力も十分にあり、鑑賞力も抜群でした。（中略）毎日入手した書物の中、『これは』と思う珍本があると、写本でも版本でも、初めから読んで見る。そして内容的な価値の高いものを真の珍本として、自分の印を捺《お》し、値も高くする。そういう営業法でした」

引用の最後にあるように、これが後に達摩屋五一の伝説を作り上げた商法だったのである。すなわち、需給関係、発行部数の多寡、状態といった古書特有の価格決定要素のほかに、五一はその本の内容という新しいファクターに価値を与えたのである。もちろん、その価値は文学的価値、歴史的価値にとどまらない。すべての価値をひっくるめた総合的な価値、ひとことで言えば古書としての価値という「新しい価値」を創造したのである。

それでは、五一が自ら読み込んで新しい価値を付与した古本というのはどのようなものだったのだろう。孫の岩本米太郎氏は「明治初年の古書業界」（反町茂雄編『紙魚《しみ》の昔がたり　明治大正篇』（八木《やぎ》書店）所収）で次のように語っている。

「祖父には祖父の考えがありまして、尋常な本を商っておったのではやはり平々凡々たるを免れない。そこでもって考えまして、（中略）いわゆる軟派の書でございます。まず西鶴物、八文字屋物だとか、古俳書・洒落本・黄表紙・芝居物、さては軟派の随筆雑書等に着眼致しまして……（中略）専《もっぱ》らそういった物を非常に蒐《あつ》めました、そう致しますと仕入れが大変楽でございます」

こうしてただ同然で仕入れた西鶴の本などを五一は自分で読み込んだうえで、店に来る客にその素晴らしさをレクチャーしたのである。

すると、興味を持った客たちが自然に達摩屋に集まってくる。さらに、五一は自分の集めた江戸期の写本の珍しいものでアンソロジーを作り、これを筆耕を雇って写させ、『燕《えん》石十種《せきじっしゅ》』として刊行したのである。十種で十冊ずつ、合計百種を集めるつもりだったが六分冊まで行ったところで、寿命が尽きて、頓挫した。

しかし、達摩屋五一の名声を高めたものは、こうしたアンソロジーではなく、自分が価値を発見した古本に捺した朱印であった。

反町茂雄は五一が集めた本はそれほど多くはなかったし、また時代も江戸に限られていたとして、限界を定めたうえで、その「偉さ」の評価軸を次のように明快に表している。

「範囲も狭く、数もさほどに莫大でなかった達摩屋五一の名が、有名な理由の一つは、あの『待賈堂』『江戸四日市古今珍書儈《かい》達摩屋五一』と三行に割った、大きな正方形の額型

待賈堂の印
（九州大学附属図書館蔵）

達摩屋五一の印
（九州大学附属図書館蔵）

の朱印を押したからでしょう。しかし、それよりも重い理由は、彼が商品の主要なものを、自分で読んで鑑別し、その上で値段をつけた点にあると思います。つまり達摩屋五一は、自信を持って、自ら価格を創《つく》った人です。そこに此《こ》の人の偉さがあります」（『反町茂雄文集上　古典籍の世界』）

なるほど、これでわかった。そう、後述のように、反町が達摩屋五一をどんな古本屋よりも高く評価し、自らの著作の最も初期に当たる書誌学的エッセイを一誠堂の店員雑誌『玉屑《ぎょくせつ》』に連載した理由が。反町は「価格創造者」としての理想の古書店主を達摩屋五一のうちに見ていたのである。

同じように、青木正美氏は古本屋列伝『古書と生きた人生曼陀羅図』の冒頭に達摩屋五一を配し、こう評したのである。

「こうして数多くの古書が集まるようになると、五一はその内から熱心に古典籍の価値の再発見に努力を傾ける。どれが貴重有用で、どれが稀覯本かを撰別する眼は、その青年時代からの飽くなき読書によって生まれた知識が役立ってのことは言うまでもなかった」

というわけで、結論、達摩屋五一こそは江戸の末期に後の時代に誕生する創造的古書店主を予告するかのように現れた先駆者であった。

第二章

大デフレと本屋仲間の解体

明治ゼロ年代

明治維新と本屋仲間の継続

慶応四年（一八六八）七月十八日、「待賈堂」達摩屋五一は五十二歳で世を去った。その二カ月後、年号は慶応から明治に替わり、文字通り、御維新の時代が始まったのである。だが、芝居で幕が変わるように何もかもが一新されたわけではなかった。

書籍業界もまた然りで、明治十五年頃まで基本的には江戸時代のままだった。少なくとも、江戸時代の本屋仲間（書林仲間）においては出版、取次、新刊販売、古本販売という四業態併存の書店形態が続いていたのである。

とりわけ、本屋仲間の同業的ギルドの中核を成す出版セクターにおいては、維新政府が当初、思想統制にこのギルド的組織を利用したため、明治のゼロ年代には江戸時代の枠組みがそのまま保存された。

「この組織を残したのは、明治新政府が出版取締りに、古いこの組織を利用したからであるが、文明開化の時勢は、何時までもこの組織を温存させてはいなかった。これを打ち破った新興出版社は、慶応義塾出版局を興した福沢諭吉や、丸善の開祖、福沢門下の早矢仕《はやし》有的《ゆうてき》であったが、当初には、その福沢諭吉も、福沢屋諭吉と名乗って書林組合に加入せざるをえなかったわけである」（『東京古書組合五十年史』）

ここでは、福沢諭吉と早矢仕有的の名が挙がっているが、この二人については、幕末から明治初年の出版・流通事情を理解するのに役立つと思われるので、ここで触れておく。福沢諭吉は事実上の処女作である『西洋事情』初編三冊を慶応二年（一八六六）十二月に出したが、その版元は「尚古堂《しょうこどう》」であった。この尚古堂というのは、後述のように当時

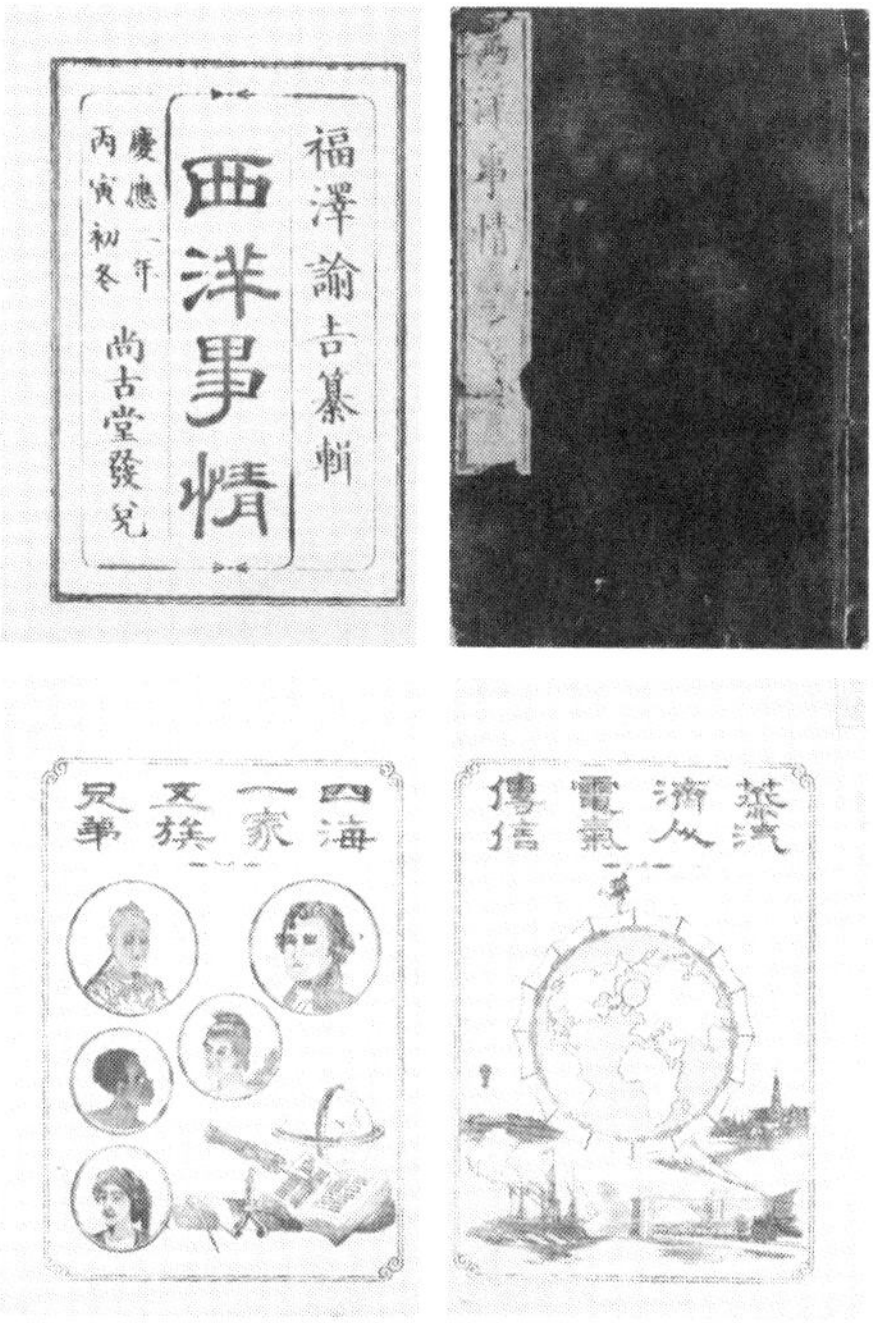

福沢諭吉『西洋事情』（尚古堂、慶応2年）
初編一の表紙と巻頭（慶應義塾大学蔵）

最大の古書街であった芝神明町《しばしんめい》にあった老舗の書物問屋「岡田屋嘉七《かしち》」の出版部門であった。

以後、諭吉は『西洋旅案内』(慶応三年)、『英国議事院談　一』(明治二年)などを同じく尚古堂を版元として出版するが、この後、考えるところがあったらしく、自らが版元となっての出版を試みる。そのあたりの事情は『福翁自伝』に書かれている。

すなわち、諭吉は自分は商売には不案内だが、生涯で一度だけ大きな投機を試みて成功したことがあると自慢げに語り、それは幕府時代から執筆・翻訳につとめてきた原稿をそのまま江戸の書林に渡すことに不満を抱いたのがきっかけであるとして、次のように言う。

「出版物の草稿が出来ると、その版下を書くにも、版木《はんぎ》版摺《はんずり》の職人を雇うにも、亦《また》その製本の紙を買入《かい》るゝにも、都《すべ》て書林の引受けで、その高いも安いも云うがまゝにして、大本《おおもと》の著訳者は当合扶持《あてがいぶち》を授けられると云うのが年来の習慣である。ソコで私の出版物を見ると中々大層なもので、之《これ》を人任せにして不利益は分《わか》って居る」(『福翁自伝』)

つまり、当時は印税という考え方はなく、原稿は買いきりだったので、自分の著作がよく売れているにもかかわらず、版元だけが儲けているのはいかにも理不尽であると考えたのだ。ならば、いっそ自分で出版と販売を手掛けたらどうか?　しかし、やってみると、版木版摺の職人はみな本屋が押さえているのでうまくいかない。そこで、一計を案じ、数寄屋町の鹿島という紙問屋に出かけて手元にあった一千両で土佐半紙百何十俵を即金で買った。それから書林（おそらくは尚古堂）に話して版木版摺の職人を貸してくれと頼んだところ、やってきた職人が蔵に入れてある紙の量を見て驚き、信頼していろいろと仕事のことを教えてくれた。

「ソレから版木師も製本仕立師も次第々々に手に附けて、是《こ》れまで書林の為すべき事は都て此方の直轄にして、書林には唯《ただ》出版物の売捌《うりさばき》を命じて手数料を取らせる計《ばか》りのことにしたのは、是れは著訳社会の大変革でしたが、唯この事ばかりが私の商売を試みた一例です」（同書）

こうして誕生したのが慶応義塾出版局だが、しかし、いざ出版販売を開始しようとすると、本屋仲間（正確には問屋組合）から横槍が入った。幕府時代からの慣例で、出版は本屋仲間に入っている本屋しかできないというのだ。そこで、諭吉は尚古堂・岡田屋嘉七の紹介で問屋組合に加入することにしたのである。この際に問屋組合に差し出した証文が残っていて、それには岡田屋嘉七を保証人・身元引受人として「明治二巳《み》年十一月　芝金杉川《しばかなすぎ》口町　善兵衛地借　福沢屋諭吉」が加入を申し込んだと記されている。かくて、『世界国《くに》尽《づくし》』以降の諭吉の著作は「慶応義塾蔵版」を版元として出版されることになったのである。

では、丸善の創業者である早矢仕有的はどうだろう？　有的はオランダ医学の開業医の

明治20年頃の日本橋丸善
（写真提供：丸善雄松堂株式会社）

身でありながら慶応三年（一八六七）に改めて慶応義塾に入学し、諭吉の門下生となったが、諭吉から横浜で医薬品や医療器具などの輸入を目的とする商社を開くように命じられて、明治二年の元旦に丸屋《まるや》商社・丸屋善八店を開いた。このときの開業宣言「丸屋商社之記」は日本における株式会社約款《やっかん》の嚆《こう》矢《し》として知られるが、丸屋商社が同時に丸屋善八店を名乗っていたのは、医薬品等の輸入販売のほか、諭吉の著作の横浜における販売所となるため、本屋仲間に加入する必要があったからである。早矢仕有的はこれが成功すると翌年には日本橋に進出し、東京の本屋仲間に加入して丸屋善七店を開いた。これが丸善の起源である。

本屋仲間の解体と古書デフレ

　このように、明治の初年には、新しいコンセプトで出版・販売事業に参画しようと思う者でも本屋仲間に加入せざるを得なかったが、この桎梏《しっこく》は明治八年（一八七五）九月三日に布告された改正出版条例によって解消されることとなる。なぜなら、改正出版条例は第一条で、著作あるいは翻訳を出版しようと思う者は「出版ノ前ニ内務省へ届ケ出ヘシ」と明記して、認可制を届出制に切り替えたからである。じつは、届出制への切り替えは明治二年（一八六九）発布の出版条例にすでに記されていたのだが、本屋仲間を温存させ、実効を伴わなかったため、改めて改正条例を布告してギルド解体を強調したのである。これにより、本屋仲間に加入して行事の認可を受ける必要がなくなり、誰でも届け出さえすれば出版業を始められるようになった。また本屋仲間加入者の半永久的権利であった板株の期限が三十年とされた。

　では、これによって本屋仲間の独占権は消滅し、出版・販売への新規参入者が激増したのかといえば、じつはそうではなかったのである。

　その最大の理由は幕府の壊滅で、七十万石の一大名に格下げされた徳川家が駿府（静岡）に移り、江戸に屋敷を構えていた大名とその家来たちもみな領地に戻らざるを得なくなったため、江戸＝東京の人口がほとんど半減したことにある。古本、新本に限らず、本そのものの需要が大幅に落ち込んだのである。

幕臣のうち、旗本クラスは徳川家に従って静岡に移り、御家人クラスのみが東京に残った。前者は金になるものはすべて売り払おうとしたから、当然、真っ先に蔵書が売られた。後者はもとから金がなかったので売る蔵書もなかった。また、俸禄が十分の一以下になったため、江戸に残っていても、古本屋に通う金もなかった。本についてどんな格安の処分品が出てもこれを贖《あがな》う能力は彼らには残っていなかったのである。

では、江戸の町人は古本の大放出に色めき立ったかというと、どうやら、そういうことはなかったようである。

というのも、ほとんどの町人が武士の懐を当てにして商売をしていたこともあり、武士がいなくなると同時に商売あがったりの状態になったからである。当然、読み書きができる裕福な町人でも所得は落ち込んだから、たとえ古本の大放出があったとしても、よほどの人でない限り、食指を動かすことはなかったに違いない。

ひとことで言えば、江戸中が大デフレの波に襲われ、しかも、デフレの落ち込みを補うような新興階級はまだ育っていなかったのである。

こんなデフレ状態が明治十年（一八七七）の西南戦争まで続いた。言うまでもなく不要不急の最たるものである書籍が売れるはずはなかったのである。

この頃の事情については先に引用した達摩屋五一の孫で、明治二年（一八六九）生まれの二三屋《ふみや》書店主人の岩本米太郎が、先代の父親の時代を回想してこう語っている。

「江戸は焼土を免がれましたが地方では戦争がありました故か、維新直前は景気は勿論《もちろん》良くなかったのでございます。これが維新後となりまして廃藩置県という際に古本屋の市況というものはどうかと申しますと、大名旗本から殆《ほとん》ど数限りなく日々払い本が出まして、値は日々下押しになったそうです」（『紙魚の昔がたり　明治大正篇』）

このように、明治の十年頃までは、新刊本はおろか古本でさえもこれを買うという人間が、一つの階層ごと消滅したので、四業態併存の書店経営がうまくいくはずはなかったのだ。

では、書店の倒産や廃業が相次いだのかというと、実際にはそうでもなかったらしい。史料は少ないのだが、少なくとも書店の大幅減少を記録した統計や証言はほとんどない。反対に、商売は低調だったが、なんとかやっていけたという証言ならいくつかある。なぜなのだろう？

意外に健闘した出版部門と貸本屋の関係

この問いに答えるには、幕末から明治初めにかけての書店、とりわけその出版セクターの顧客が誰であったかを見るのがよい。これに関しては、岩本米太郎の貴重な証言がある。それによると出版セクターを有していた本屋は大きく二種類に分けられると言う。

「先《ま》ずその頃のいわゆる教科書に用いるような、四書だとか五経だとか、さては十八史略だとか、国史略のようなものを彫刻致して出版致しまするものと、それから別にいわゆる絵入読本《よみほん》、貸本屋の貸して歩く小説類、そのほか仮名書きものでは随筆類がございます。

(中略)

それ〔絵入読本、小説類、随筆類〕を何処へ売るかというと、主に貸本屋に売るのでありまする。あれは素人を目指して出版したものではございませんで、貸本屋が主な買い手でした。小説や随筆を一つ出版しますと貸本屋にずっと一部または数部ずつ買ってもらう。それを貸本屋が絵入読本などと一緒に持って歩いて素人の方に貸して歩いた。つまり貸本屋のお得意向きに出版致しました。それでございまするから印刷の方面から考えまするると、刷師《すりし》なるものがあれを印刷致しますのに二百を一切れ、一杯《ぱい》と申します。売れるに従って幾たびにも刷るが、一回の印刷を二百とくぎってあります。それをおおよそずっと貸本屋へ持って歩いて売りつける。そうすると貸本屋が背負って歩いて貸し付ける」（同書）

この証言からわかるのは、明治ゼロ年代に旗本・大名およびその寄食《きしょく》階級（僧侶）という新刊本と古本の大口需要を失ったにもかかわらず、本屋仲間の多くが倒産も廃業もせずに済んだのは、東京に丸ごと残った町人階級のために存在していた貸本屋相手に細々と小説、随筆を二百部単位で出版し続けることができたからである。おそらく、「四書だとか五経だとか、さては十八史略だとか、国史略のようなものを彫刻致して出版致しまする」正統的な本屋、すなわち物之本屋も、心ならずも商売替えして、貸本屋需要のある小説、随筆の類に出版物を切り替えていたに違いない。

明治ゼロ年代の古本デフレ下の外国人大口購入者

では、こうしたデフレ状況下で古本を買う人間というのはまったくいなかったのだろうか？　それがいたのである。ただし、維新政府の高官ではない。維新政府の高官は忙しかったし、それほど学識のある人間もいなかったからである。買っていたのは外国人である。

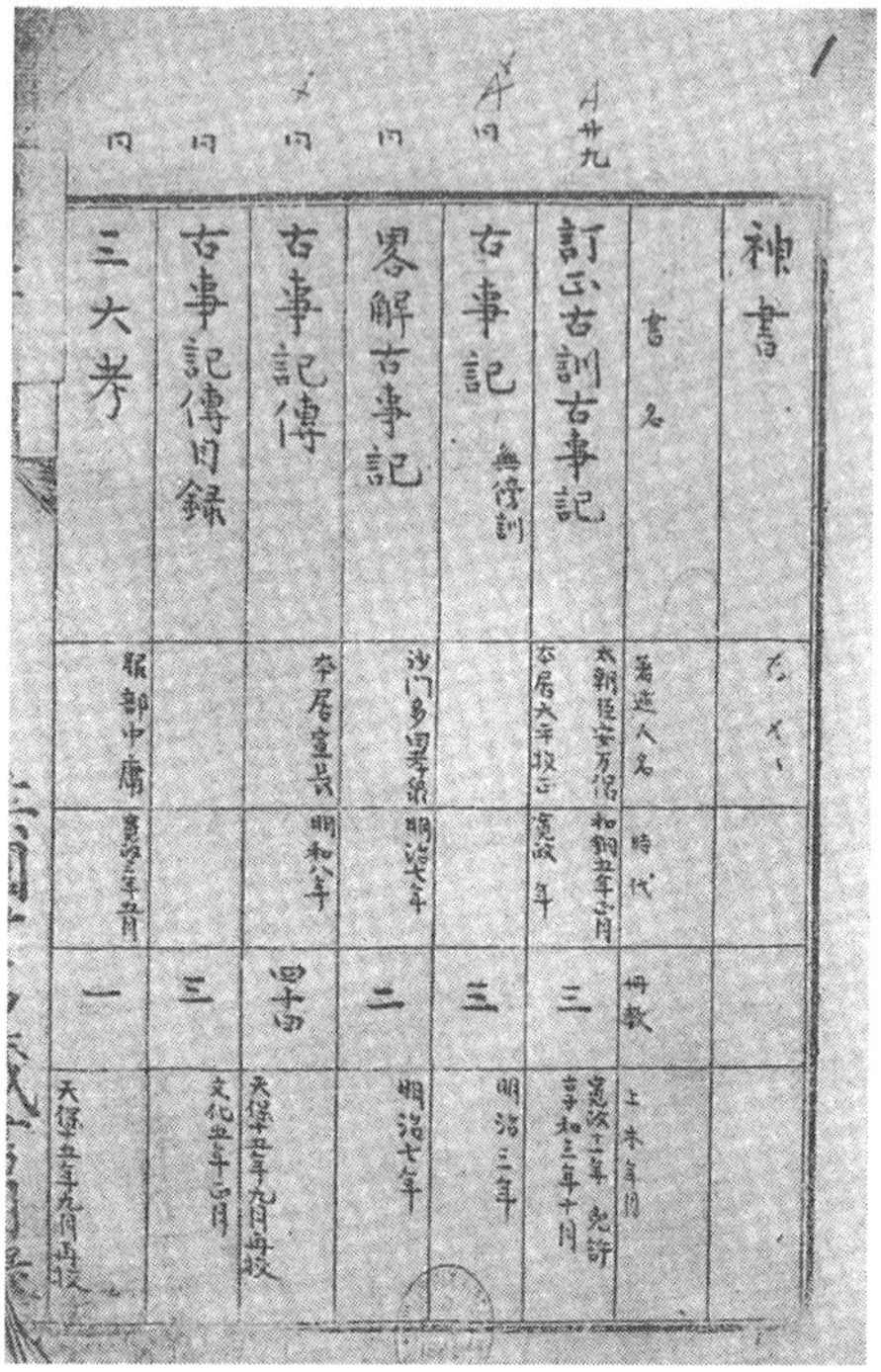

神書

書名	著述人名	時代	冊数	上木年月
訂正古訓古事記	太朝臣安万侶 本居大平校正	和銅五年正月 寛政 年	三	寛政十一年 免許 享和三年十月
古事記 無訓			三	明治三年
略解古事記	沙門多田[illegible]	明治七年	二	明治七年
古事記傳	本居宣長	明和八年	四十四	天保十五年九月再刻
古事記傳目録			三	文化五年正月
三大考	服部中庸	寛政三年五月	一	天保十五年九月再刻

アーネスト・サトウ蔵書目録
（『紙魚の昔がたり　明治大正篇』より）

幕末に日本を訪れ、維新後もそのまま残ったり再来日した日本通の外国人の中に、底値に張り付いた日本の古典籍の素晴らしさに目をつけて買いまくった者がいたのだ。そんな一人がイギリス人アーネスト・サトウ（一八四三—一九二九）である。

文久二年（一八六二）にイギリス公使館の通訳生として来日、幕末期に通訳官として薩長の伊藤博文・井上馨《かおる》・西郷隆盛らと親交を結ぶかたわら日本語会話の上達につとめたサトウは、日本語の書体にも興味を持ち、旅先の古本屋であらゆる時代の写本や版本を収集して歩いた。明治三年（一八七〇）に賜暇《しか》を終えてイギリスから日本に戻ると、古書価格の暴落に心を痛めながらも狂喜して膨大な量を買いまくったのである。反町茂雄は『紙魚の昔がたり　明治大正篇』の「明治大正六十年間の古書業界」でサトウについてこう語っている。

「明治三年頃から十年前後までに、日本の古版本を沢山買って、それを研究して、結果を立派にまとめて明治十四年から十五年にかけて、『トランザクションズ・オブ・ローヤル・エイジアティック・ソサエティー・オブ・ジャパン』、即ち『王立日本アジア協会雑誌』の中に、『日本の古版本について』という論文を発表しております。これが大変面白い。日本古版本史として世界で最初のものであります。（中略）私はそれを翻訳したのですが、翻訳をするにつれて、サトウはこの材料を何処で得たのだろうか、との疑問が生まれました。（中略）色々な資料から推定すると、サトウはこれらの大部分を、明治三年から明治十二、三年頃までの間に、市中で買っております。芝の岡田屋から多く買っています」

「芝の岡田屋」というのは、先に福沢諭吉のエピソードで『西洋事情』の版元として話に出た尚古堂の岡田屋嘉七のこと。岡田屋はこの時代には東京随一の書店だったのである。

もう一人、サトウに遅れること三年、明治六年（一八七三）に来日し、同じように、底値圏にあった日本の古典籍を買いまくった外国人にバジル・ホール・チェンバレン（一八五〇―一九三五）がいた。チェンバレンは海軍兵学寮、東京帝国大学で教鞭を執るかたわら、芝神明町や日本橋の古書店で収集に勤しんだのである。反町茂雄はこのチェンバレンについてこんなことを述べている。

「その蔵書目録のかなり厚いのが残っていまして、それもわたしは市で買って、あとで天理図書館に寄付しましたが、それを見ると、チェンバレンが日本の古典籍の本筋の良い本、稀覯本を豊富に買っていた事がハッキリ分かります。これも明治六年から十五、六年頃までの間に買ったと推定されます」（同書）

このほか、反町はフランスのデュレー（レオン・デュリーのことか？）、バルブトー（表紙をちりめんにしたフランス語の挿絵本、いわゆる「ちりめん本」のテクストを書いた人物）、アストン（サトウの蔵書の一部を購入してアストン文庫を作った人）などの名前を挙げて、この明治ゼロ年代（明治元年―九年）のことをこう総括している。

「一部の西洋人が比較的真面目な態度でこの国の古書を買い集めました。しかしそれも全体から見ればごくわずかの事です」（同書）

こうして、東京の古書業界は底値に張り付いたまま明治ゼロ年代を終えたのである。展望が開けるのはいつのことか、まだ行く末は見えていなかった。

第三章

一大古書街・芝神明と漢籍ブーム

明治十年代（一）

田山花袋少年が見た明治十年代の古書店街

前章で、明治十年頃まで東京は江戸のままだったと書いた。では、明治十年代に入って大きな変化が現れたのかといえば、まったくそうではなかったのである。明治十五年頃まで東京はあいかわらず江戸の続きであり、書籍業界も江戸時代を引きずっていたのである。その事実を雄弁に物語っているのが田山花袋《かたい》の『東京の三十年』の冒頭である。明治四年（一八七一）に館林《たてばやし》に生まれ、東京京橋の書店に小僧として丁稚《でっち》奉公した田山花袋は、九歳と四カ月で見た明治十四年（一八八一）の東京をこんなふうに回想している。

「その時分は、東京は泥濘《でいねい》の都会、土蔵造の家並の都会、参議の箱馬車の都会、橋の袂《たもと》に露店の出る都会であった。考えて見ても夢のような気がする。（中略）

時には必要な書籍の名を書いた紙乃至《ないし》は帳面を持って、通りにある本屋を一軒々々訊《き》いて歩いた。私の奉公したのは、今も京橋の大通にあるIという本屋であった。其頃《そのころ》はまだ須原屋茂兵衛、山城屋佐兵衛などという古い大きな本屋があって、四角な行燈のような招牌《かんばん》が出ていたり、書目を書いた厚い板が並んでかけられてあったりした。私が主人から命ぜられて書乃至帳面を一々見せてきいて歩いた本屋で、今日猶《なお》残っているのは――昔に比べて更に繁栄の趣を呈しているのは、丸善一軒ばかりである」

回想にいきいきと描かれているように、参議の箱馬車が走ってはいても、明治十四年の東京は、防火造りのなまこ壁の家並みがどこまでも並ぶ江戸そのものの町、「泥濘の都会」であったのだ。

活発化する出版と旧態依然の流通

ただ、さすがに明治十四年の政変（国会開設の時期をめぐり伊藤博文ら漸進《ぜんしん》派が急進派の大隈重信一派を追放した事件）を過ぎる頃から、書店業界にもいささかの変化が現れてきていた。それは、田山花袋が丁稚奉公した「Iという本屋」の説明に明らかである（このIはおそらくYの誤記）。すなわち、花袋が「それは士族から商業に転じたような家族で、主として農業の書を出版していた」と記しているとおり、ギルド的な本屋仲間が明治政府の命で解体し、出版セクターへの新規参入者が増えてきていたのである。この「Iという本屋」とは東京京橋南伝馬町《みなみてんまちょう》にあった有隣堂《ゆうりんどう》（穴山篤太郎）のことだが、『東京古書組合五十年史』はこの有隣堂を含めた新興勢力についてこう書いている。

「明治十年代になると、古物商の取締りが厳重になってきたので、新刊本、古本の書店がしだいに分離してきたが、山城屋、叢書閣、有隣堂なども新刊本が主となりつつあった」

ちなみにこの有隣堂は、現在、横浜を起点として首都圏に書店チェーンを展開している有隣堂とはまったく関係がない。

では、古物商取締条例の施行を機に古本部門を縮小ないしは廃して新刊本屋に転じたこれらの店の流通形態はどうだったかといえば、こちらは旧態依然だった。すなわち、出版セクターと販売、取次のセクターは未分化であり、新刊本屋の相互取次、相互販売が江戸時代から続いていた。丁稚小僧の花袋少年は、有隣堂が出版した新刊本をバーターで販売してもらうために別の新刊本屋に運び、同時に、有隣堂で販売する新刊本の仕入れも行っていたのである。花袋少年が持参していた「書籍の名を書いた紙乃至は帳面」が残存していればこうした相互取次、相互販売の実態を示す良い史料となったに違いない。

では、この取次・販売にはどのような運搬手段が用いられていたかというと、これが、江戸時代から少しも変わっていない原始的な方法であった。風呂敷包みの背負いか、あるいは大八車《だいはちぐるま》だったのである。

「私の小さな子僧姿を私は東京の到るところの町々に発見した。最初、私は年上の中小僧に伴《つ》れられて、或は車を曳《ひ》いたり、或は本を山のように負ったりして、取引先やお得意の家を廻って歩いた。ある冬の日は、途中から俄《にわ》かにぼた雪になった。雪に艱まされて、背中には沢山な重い本、下駄にはごろごろと柔らかい雪がたまって、こけつ転《ころ》びつして、漸《ようや》く一緒に行った番頭に扶《たす》けられて車で帰って来た。私はまだ満九年十月になったばかりの幼い子供であった」（『東京の三十年』）

花袋は東京中の本屋や個人客の家に新刊を配達して歩いたので、『東京の三十年』の記述は当時のよき東京案内になっている。たとえば、配達先で一番遠いのは、駒場の農学校

風呂敷包みを背負い、「世利帳」と書かれた帳面を持つ明治初期の小僧（『南洲私学問答』山本園衛編、明治15年より）

（現在の筑波大学附属駒場高校のあるあたり）と高輪の柳沢《やなぎさわ》伯爵邸だったという。

芝神明町・日蔭町の古書店街

それはさておき、花袋少年が配達に行く途中の芝の記述には古書史から見て興味深いくだりがある。

「芝の神明宮に入ろうとするところの太々餅《だいだいもち》の店、そこから露月町《ろうげつちょう》に入って行く細い長い通は、東京でも特色に富んだ面白い人通の多い通であった。そこに、何でも山中何兵衛とかいう大きな本屋があったが、そこには私もよく使《つかい》にやられた。私はその古本屋の多い露月町の通りを何遍《なんべん》歩いたか知れなかった。金杉の大通の何も見るものもない殺風景な光景に比べて、其処《そこ》には、種々なものが巴渦《うず》を巻いていた。飲食店もあれば、絵草紙店もあった。小さな本屋は軒を並べていた。その混雑《ごたごた》した狭い通りを、本を負った小さな幼い私が通って行く……」（同書）

重い風呂敷包みを背負った花袋少年がしばしば使いにやらされたのが、この金杉橋《かなすぎばし》から芝口橋《しばぐちばし》にかけての芝神明町古書店街だった。これは、今日では第一京浜（国道一五号）の芝大門《だいもん》一丁目から新橋六丁目にかけての地域に相当しているが、では、具体的にどの通りが古書店街だったかというと、それは第一京浜（金杉橋を通る金杉通り。一〇一頁の地図では品川通り）を金杉橋から東上して、大門のほうに向かって左折し、次に最初に右折して入る通り（神明前三島《みしま》通りおよび日蔭町《ひかげちょう》通り）である（九八～一〇一頁の地図参照）。

江戸切絵図で調べると、神明前三島通りは門前町の両側町《りょうがわちょう》だが、その延長である日蔭町通りは江戸時代には片側（増上寺側）は武家屋敷が立ち並んでいて商店が出店するような余地はない。この地図から、江戸時代に成立した古書店街は神明前三島通りであり、これと交差する宇田川《うだがわ》横町（大横《おおよこ》町）を越えた先の古書店通り（日蔭町通り）は武家屋敷だったことがわかる。それが、明治になって武家屋敷が空き家になったため、古書店が延長の日蔭町通りにも進出して両側町となり、軒を並べるようになったものと思われる。

いずれの通りも今は情緒のないビル街になってしまって古本屋など一軒もないが、明治二十年頃までは、ここが江戸・東京の随一の古書店街であったのは確かなのである。

だが、それにしても、なにゆえにこんな場所に江戸随一の古書店街が誕生したのだろうか？　この疑問については反町茂雄が明確に答えている。

「江戸時代には、階級として一番学問を余計にするのは僧侶です。今の神保町は、大学の学生を主たるお客として発展をして来ましたが、昔はお寺のお坊さんを主たるお客として本屋が存在した。一番沢山に本屋・古本屋があったのは、増上寺の前の日蔭町です。それ

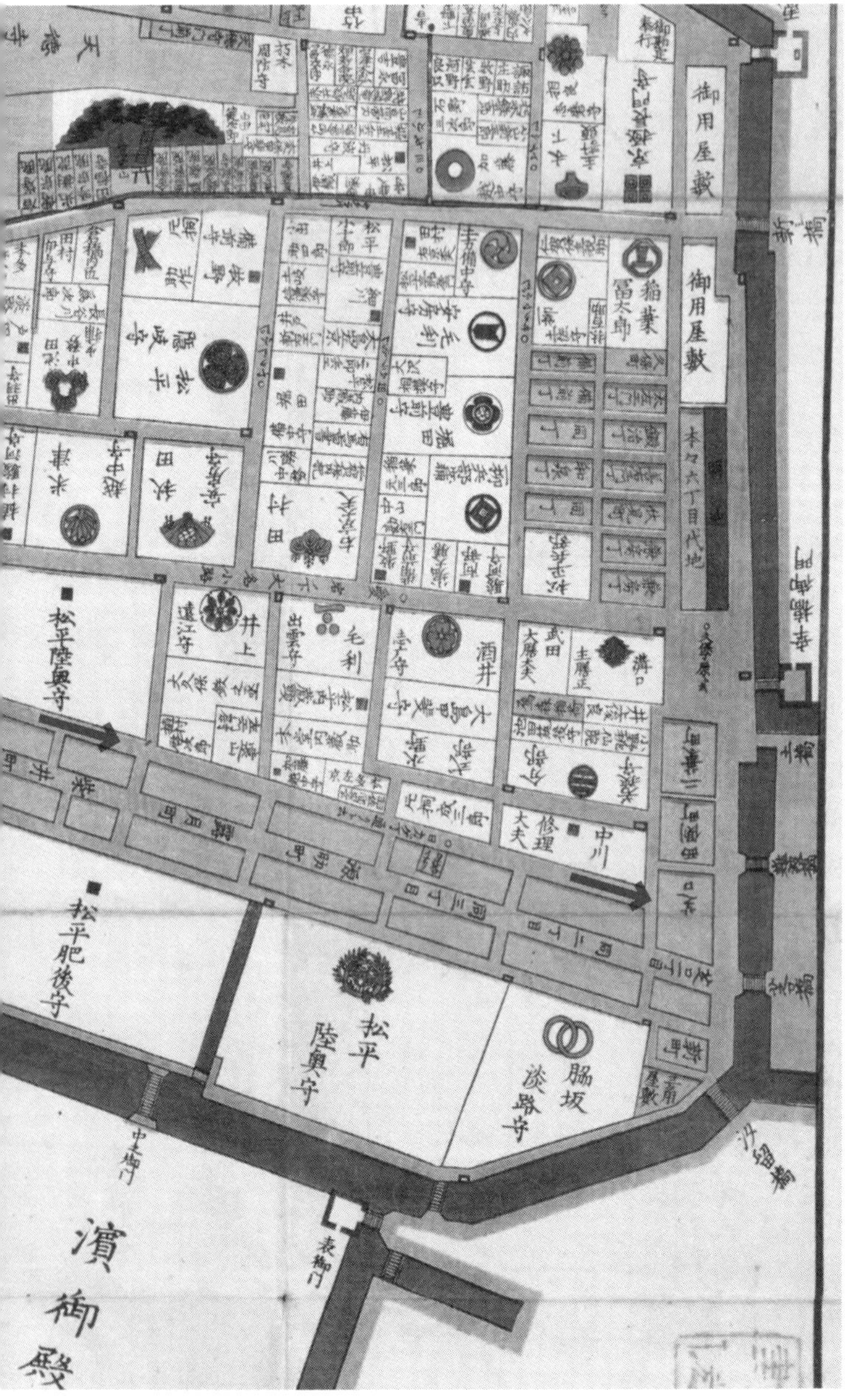

江戸切絵図　芝愛宕下絵図〔部分。嘉永2—文久2年刊〕（国立国会図書館蔵）

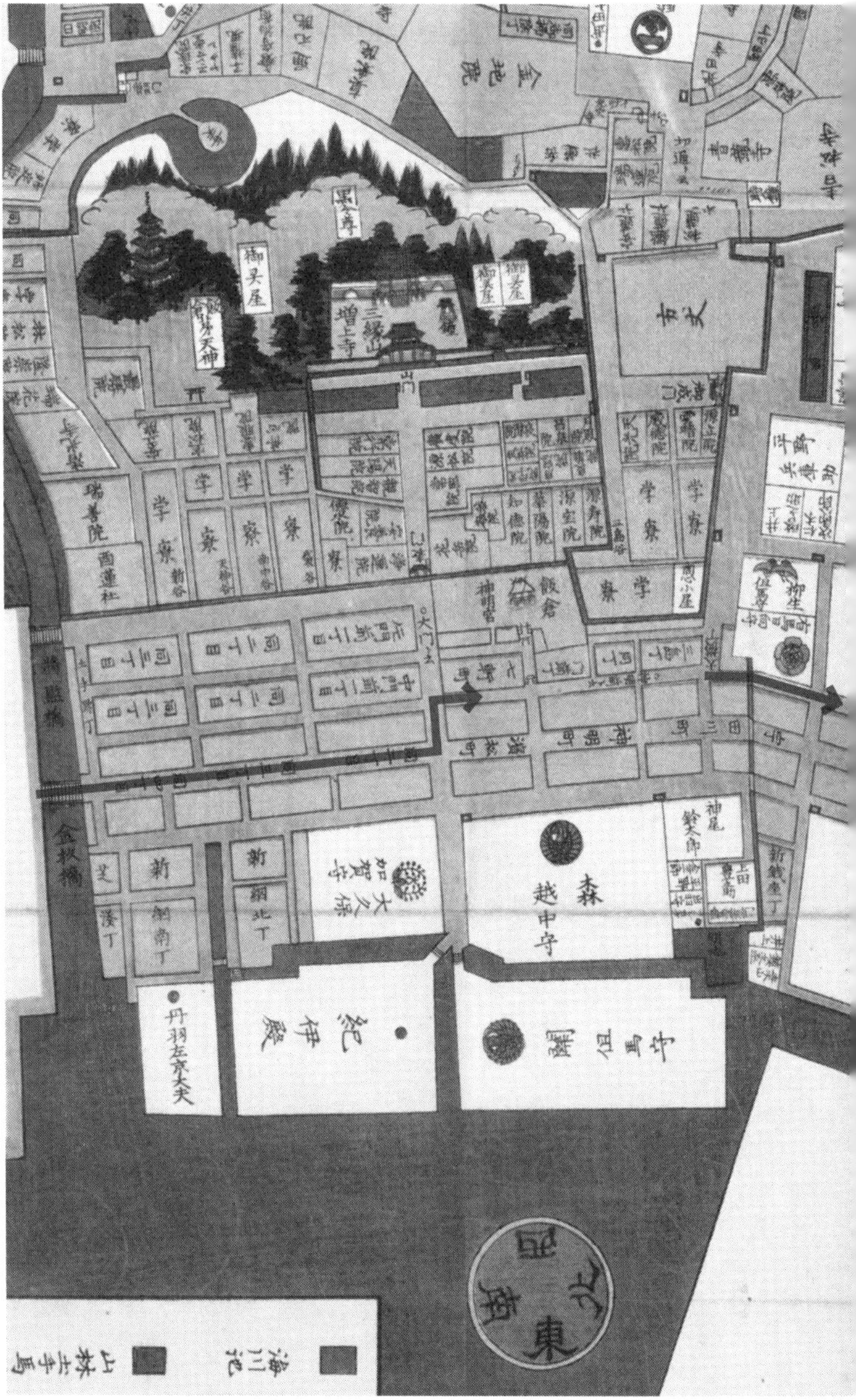

＊右図の矢印は金杉橋から神明前三島通りを経て日蔭町通りに至る経路

日陰町時代の古本屋分布図（『東京古書組合五十年史』より）

至六本木
A 松尾幸太郎（現石黒書店）
A 入江書店
AB 津川書店
麻
布
區
寺島書店 ABC
やり屋 橋瓜清三郎 AB
長谷川豊吉 B
中村佐忠次 B
古本書店 B
大和屋 A
竹内書店 AB
山口屋 森江佐七 ABC
AB やり屋（橋瓜米吉ノ代）
A 津田屋
C 古田書店
A 一貫堂
清水書店 BC
岸田嘉吉 B
三田通り
鳥海書店 B
三井書店 B
日進堂 B
高木書店 B
増上寺 卍
鳥海書店 A
御成門通り
區
宇田川横町
万重、三枝松重二郎 A
須富 須原や富七 ABC
泉市 和泉屋市兵エ A
上田屋書店 A
（にしき絵）西川甚兵エ A
萬屋吉兵エ A
神明前三島通り
A 岡田屋嘉七
A 内野屋彌平治
A 土忠 松井忠兵エ
品川通り
品川湾
凡例
圖中Aトアルハ凡ソ明治十五年頃ヨリ同二十九年頃ニ至ル間ノ位置ヲ示ス
Bトアルハ凡ソ明治二十九年頃ヨリ同三十三年頃ニ至ル間ノ位置ヲ示ス
Cトアルハ明治三十三年九月頃ヨリ大正年代ニ至ル間及ビ今日ニ至ルモノ

は増上寺を控えていたからです」（『紙魚の昔がたり　明治大正篇』）
これに対し『東京古書組合五十年史』で「第一章　明治初年の古書業界」を担当執筆した江戸川区西小岩の「小林書店」店主小林静生は、日蔭町の古書店街は付近に大名屋敷や武家屋敷がたくさんあり、明治になってそこから大量放出された古書を捌くために自然発生したのかと思っていたという感想を述べている。反町はこれを否定してこう述べている。
「私は増上寺のせいだと思っております。増上寺では、相当数出版もやっています。上野の寛永寺は政治的な寺ですが、増上寺は本筋の信仰的、学問的な大寺院でした」（同書）
なるほど、反町の言う通りだろう。ただし、繰り返しになるが、正確を期せば、大門から宇田川横町までの神明前三島通りの古書店街は増上寺の学僧を相手に生まれたのだが、その延長の日蔭町通りの古書店街は元は片側町だったのが、小林の言うように、明治に入って近隣の大名屋敷や武家屋敷から大量に放出された古書を受け入れるために、新しい書店が集まってきて両側町になったと思われる。
それを証明するかたちになっているのが、江戸時代の章で触れた達摩屋五一の跡を継いだ養子二三屋三二《さんじ》の息子岩本米太郎の回想である。事情があって養子縁組を解消した二三屋三二は達摩屋五一の路線を受け継がず、明治に入ってからは出版も手掛けるようになり、芝日蔭町に店を出した（一〇〇頁の地図参照）。明治二年生まれの岩本米太郎は明治十五年前後を回想して、芝の神明前の古書店街では、和本を扱う大店《おおだな》が次々に倒産し、福沢諭吉の版元だった岡田屋も潰れた後、一番にはやっていたのは甘泉堂《かんせんどう》山中市兵衛だったと語っている。

「その頃は未だ大市《おおいち》などというものはございませんですから、地方の本屋が仕入れをしに出て来ますと、必ず山中市兵衛を訪わない者はまず殆どなかったろうと思います。私共は日蔭町の、新橋から入りますと直き近い所でございますから、必ず私共の家の前を通ります。時期ですと続々と通りました。これが皆目指す所は山中市兵衛へ行って仕入れました。その中には越後が一番多かったろうと思います。で越後の本屋がついでながらに寄りまして、やはり古本も買って参りました。当時芝の神明から京橋に掛けて山中市兵衛の商いに匹敵する家はないと言われた位に繁昌した家でございます」（『紙魚の昔がたり　明治大正篇』）

この甘泉堂山中市兵衛は、田山花袋の『東京の三十年』にも出てくる店である。岩本米太郎が店番をしていた二三屋の店先を幼い田山花袋が背中に風呂敷を背負って通っていったと思うと山田風太郎の明治物を読むような気持ちになってくる。

では、これだけ隆盛を誇った甘泉堂山中市兵衛はその後どうなったかといえば、これがすっかり零落して、芝神明を去らざるを得なくなったのだ。店を継いだ養子が川越版の『日本外史』の重刻を無断で行ったのが露見して山中市兵衛は牢獄に繋がれることとなり、店も倒産とあいなったのである。だが、たとえこうした事件が起きなくとも、山中市兵衛の衰退は歴史のプログラムに入っていたはずなのだ。なぜなら、明治も二十年を過ぎる頃から、書籍業界はいわば構造的な変化にさらされ、山中市兵衛の店があった芝神明の古書店街自体が新興勢力の神田神保町に覇権を譲ることになったからである。

底値の善本良書を買いあさる外国人

しかし、われわれはまだ明治十年代にいる。しばしこの時代にとどまって旧態依然の書籍業界、とりわけ古書（古典籍）業界の状態を概観してみよう。

明治十年代前半の古書業界で目につくトピックスは二つある。

一つはあいかわらず低迷を続ける古書価格に狂喜した来日外国人が明治ゼロ年代に続いて買いあさりを続けたこと。その最大の大物がスウェーデン系フィンランド人の探検家で地理・鉱山学者のA・E・ノルデンショルド（一八三二―一九〇一。反町茂雄はノルデンシェルドと表記）である。

フィンランドのヘルシンキでスウェーデン系の鉱山学者を父として生まれたノルデンショルドはスウェーデン王立科学アカデミーの教授となり、スウェーデン国王から北極海経由で東アジアに渡る北東航路の開拓の使命を託される。一八七八年にヴェガ号でイェーテボリを出発し、一八七九年に横浜に着いた。日本における滞在は二カ月足らずだったが、この間、日本の鉱物・化石、銅具、武器、工芸品などとともに、古典籍の安さに驚いて収集にあいつとめた。反町茂雄は、ノルデンショルドの言葉を自らの翻訳で紹介している。

「……今は正に蒐集《しゅうしゅう》の好機である。というのは、古い封建大名たちは領地を取り上げられ、又これまで政治的に全く無力で、そのため詩歌の制作にふけっていた古い公卿たちは、王政復古と、帝都の京都から東京への移転によって、すっかり分散させられてしまい、その結果、個人所蔵の古代の書物の大量が、古い武器・武具類と共に、古物商の店にころがり込んでいる。日本人たちは、西洋の事物を模倣するに非常に熱心なるあまり、これらの古い、この国独特の書物は、全く無関心に放置されていて、それらの大部分は、商品の包み紙に費消されるか、又はツブされて漉《す》き返しの材料にされてしまうだろう」（反町茂雄『蒐書家・業界・業界人』）

ノルデンショルドは帰国後、収集品をスウェーデン王立図書館に寄贈したので、今日でもその蔵書を閲覧できる。反町はスウェーデンまで何度か足を運び、このコレクションを調べたが、大きな発見はノルデンショルドが買い値をすべて記録していたことで、この記録により、長年の謎だった明治十年代の古書価格が明らかになったのである。反町の結論は以下の通りである。
「それを調べますと、善本稀書の値がバカ安い。何でもよりどり見どり、おおよそ一冊十銭乃至十五銭パーの値段なんです。幕末頃に出版のつまらぬ俗本でも、あるいは寛永頃の古活字版、寛文・元禄頃の仮名草子や御伽草子にしても、殆ど無差別」（『紙魚の昔がたり明治大正篇』）
ノルデンショルドは「こんなに安いのは多分今のうちだけで、やがてもう少したつと高くなるだろう」（同書）と述べたというが、そのことがわかっていたのはノルデンショルドのような古書の価値というものをよく知っていた外国人知識人だけだったのである。

清国公使館開設と漢籍ブーム

明治十年代前半の古書業界のトピックスの第二は、漢籍のときならぬブームである。

このブームの発端は明治九年（一八七六）に永田町に清国公使館が開設され、皇帝から全権を委任された欽差《きんさ》大臣（特命全権大使に相当する清の官職）の文人・何如璋《かじょしょう》が翌十年に赴任したことに始まる。日本への欽差大臣の派遣は聖徳太子の時代以来ということもあり、中国崇拝が強かった日本の知識人は「中国の大官きたれり」と大騒ぎとなったのである。

参賛官《さんさん》・黄遵憲《こうじゅんけん》や随員の沈文も漢詩文をよくする詩人だったことから、漢詩に関心のある日本の文人たちが頻繁に彼らのもとを訪れ、漢籍の人気が高まったのである。しかし、漢籍ブームが本格的になったのは金石《きんせき》学者および考証学者として一流の楊守敬《ようしゅけい》が明治十三年(一八八〇)に公使館の随員として来日してからである。楊守敬はまた書道研究の大家でもあり、古い書道にも通暁《つうぎょう》していたので、日本の書家たちは競って楊に教えを乞うた。

続いて、欽差大臣として明治十四年に赴任した黎庶昌《れいしょしょう》も学者・文人だったため、明治十年代前半には、中国の詩文や学問芸術が大流行し、本もよく売れた。

その結果、漢学塾が大流行して、英学塾と拮抗するほどになった。この事実は案外、知られていないが、田山花袋の『東京の三十年』の「読書の声」にもちゃんと記録されている。明治十四年に有隣堂の丁稚小僧をつとめていた花袋はときどき兄が学んでいる漢学塾に立ち寄り、中から聞こえてくる塾生たちの読書する声に耳を傾けていたのだ。

「私は歩み寄った。

読書の声は湧くように中から聞えた。それは昔の大名の長屋のようなところで、なまこじっくいの塀の上に、処々《ところどころ》街頭の塵にまみれ、西日の暑い光線に焼けた小さな窓がつづいて見られた。

包荒義塾《ほうこうぎじゅく》という大きな招牌《かんばん》がそこにかかっていた。(中略)

湧くように聞える読書の声！

私はなつかしくなって、小さな姿を其窓に寄せた」

こうした漢詩・漢学ブームは当然、古書業界も潤すことになる。その口火を切ったのもまた楊守敬や黎庶昌らの清国の文人・学者だった。反町はこう語っている。

「楊守敬は非常に沢山の珍本を持って帰った。彼は日本には古い本が沢山あるという事を前々から知っていて来たが、聞きしに勝る程沢山あった。しかも値段がバカバカしく安い。すっかり喜んで、あちこちの古本屋はもちろん、知人にも頼んで、全力をあげて買い集めた。最初の一年間に三万冊も買ったという。五山版・古活字版をはじめ、鎌倉・平安朝時代の古写本だの、奈良朝時代の古写経だの、善い物は見当たり次第に買った」（『紙魚の昔がたり　明治大正篇』）

こうした楊守敬や黎庶昌の収集を手伝ったのが、琳琅閣《りんろうかく》や松山堂といった漢籍専門の古書店だった。

琳琅閣の隆盛

琳琅閣はセドリから身を起こした初代・斎藤兼蔵《かねぞう》が創業した古書店である。初代・斎藤兼蔵は芝文《しばぶん》というセドリ名人の荷物運びをする「荷背負《にしょい》」から始め、次に岩田七五郎というこれまた伝説的なセドリ名人の「荷背負」に転じて、その薫陶《くんとう》を受け、浅草蔵前に床店《とこみせ》（住居のない店舗だけの簡易店）を出した後、明治七、八年（一八七四、七五）に神田淡路町《かんだあわじちょう》に移って河井岩五郎と合同の店舗を構えた。このときに、初代東京府知事をつとめた元幕臣の大久保一翁《いちおう》から「琳琅閣」という堂号をつけてもらったのだという。「琳琅閣」とは清朝の帝室で宗元版の珍書を多く収蔵していた書庫の名である。

当時、神田淡路町は上野と神田を結ぶ要路で東京でも一二を争う盛り場だったこともあり、また右に述べた漢籍ブームもあって、売上を大いに伸ばした。ただし、最初は漢籍だけではなく書画・骨董や錦絵まで売る何でも屋だったらしいが、それが上客と知り合うきっかけとなったのである。たとえば、「ジャパン・メール」の経営者兼主筆のイギリス人フランシス・ブリンクリー、通称弁慶は「琳琅閣」から大量の錦絵を買い求めたようである。ちなみに、初代・斎藤兼蔵は「バイブル」とあだなされたが、それは淡路町の店の常連の一人がニコライ堂の教主ニコライで、正教会の聖書を店で取り次いでやったからだと言われる。後には何でも知っているから「バイブル」と呼ばれていると思う者が多くなった。なお「琳琅閣」は明治十年（一八七七）に池之端仲町《いけのはたなかちょう》（現・東京都台東区）に移っている。

では、「琳琅閣」で楊守敬はどのような買い方をしたのだろうか？「琳琅閣」の二代目・斎藤兼蔵はこんな回想を残している。

「楊守敬は、日本には支那に既に逸した本が沢山にあるというので、それを集めに来たのだそうです。（中略）楊守敬が来た頃には、善本も豊富で、宋元版も相当にあったらしいので、またずいぶん得意先から買い集めて売ったようです。なんでも、宋元版の物を見せた処、日本にある物はいずれも、宋版なら宋の時に摺った本で、また元版も元の時に摺った本で、今謂う所の宋槧《そうざん》宋印とか元槧元印だというのです。つくり板の出来たその時の本で、主にその時代に支那に渡った人が持ち帰った本、またその当時の支那人が持って来た物ですから、極くたしかな物です。ところが支那には、宋版といっても宋の時の板が残っていて明時代に摺ったり、元の板を明に摺ったりしたのを宋版元版といっているのが多いのです。それがために、楊守敬は日本の宋元版を見て、初めは疑い且つまた驚いたと先代が申しておりました。なんでも宋版の『一切経』の揃ったのを楊守敬に売って、相当に儲けたそうです」（『紙魚の昔がたり　明治大正篇』）

宋版『一切経』の揃いを楊守敬にいくらで売ったかは語られていないが、この時代に「琳琅閣」では『資治通鑑《しじつがん》』揃いを六十円で売ったという記録はある。ちなみに神田淡路町の北にある駿河台《するがだい》の土地は千坪で二十五円という安さであった。土地はまだただみたいに安かったが、漢籍はブームで随分値上がりしていたのである。

このように、明治十年代後半には清国公使館の開設以来、清国の文人・詩人が次々に来日して漢籍ブームが起こり、その影響で漢籍の古書価格も上昇し、日本人でも後の宮内大臣の田中光顕《みつあき》や三菱の岩崎弥之助《やのすけ》（弥太郎の弟）なども上客となったが、しかし、国文のほうは善本・珍本でも低空飛行が続いていたのである。

国文古典籍低迷時代に逆張りした浅倉屋

そんな中で、ピンチこそチャンスと逆張りの姿勢を貫いて、古典籍の低迷時代を生き抜いたばかりか大いなる実績をあげた古書店が何軒かあった。

一軒はいわずとしれた浅倉屋《あさくら》・第八代吉田久兵衛である。

浅倉屋は創業が貞享《じょうきょう》年間（一六八四―一八八）に遡る老舗で（創業の地は浅草）、創業者は元佐倉藩士の吉田庄左衛門と伝えられる。第八代目の吉田久兵衛（?―一九〇五）は歌人・前田夏蔭《なつかげ》に師事して文積と号し、学者・大槻如電《おおつきじょでん》らとも交友があった文人肌の店主だった。

浅倉屋は近世には書林三組惣仲間で、さまざまな書籍を上梓したが、八代目の吉田久兵衛の代には上木《じょうぼく》（出版）よりも古書肆《こしょし》（古書店・古本屋）として活躍。反町茂雄は八代目についていて「教養があり、営業に熱心、弱冠十九歳で家を継ぎ、八十三歳の長寿を保って、明治三十八年に遠逝《えんせい》するまで、即ち天保時代から日露戦争時代まで、六十数年間にわたって、終始店の経営に努力し、浅倉屋書店を日本一の古書肆に育成した人」(『紙魚の昔がたり　明治大正篇』)と書いている。

では、浅倉屋は幕末から明治二十年頃までの古書店不振時代にどのような営業活動をしていたのだろうか？　この点については、八代目の養嗣子《ようしし》である十代目吉田久兵衛が「和本屋生活半世紀の思い出」(『紙魚の昔がたり　明治大正篇』所収)で、反町らの質問に答えるかたちで思い出を語っている。その中でわれわれの興味をひきそうな商売実態のエピソードをいくつか紹介しておこう。

まず、十代目が見習いだった頃の仕入れの方法について。この時代には市会はあまり盛んではなく、仕入れはセドリたちの持ち込みに頼っていたようだ。

「浅倉屋　古物商条例発布後、仲買の人達が申し合わせ、残らず同じ小判形の印章に苗字を入れて、品物取引の時はこれを判取帳へ押す事になりました。この時には結合の人名三十二人、(中略)いずれも敏腕の人達ばかりでしたが、一方なかなか義理堅いところがありました。時々店で風呂敷をひろげている時に客が見えて、これは幾らだと言っても決して値段を申しません。品物はお店へ一旦上げますから、お店からお買いなさいと言って直売は致しませんでした」

なるほど、浅倉屋が古物商取締条例の対抗措置として組合を結成したセドリたちが集めてくる古本の中から選び、他からは買い入れないようにつとめたのに応えて、セドリたちは一般客には直接販売しないよう義理を張っていたのである。

では、業界用語でウブ口《くち》と呼ばれる蔵書家からの大口の売却依頼があったときにはどうしていたのだろう。自店単独の買い取りのこともあっただろうが、次のような証言を聞くと、大口の場合は資金を集めるために何軒かの古書店が相乗りをしていたものと思われる。以下は天保の改革の指導者水野忠邦の蔵書「引馬《ひきうま》文庫」が維新後に売りに出たときのエピソードである。

「その時はなんでも本屋・道具屋で連合の人数が二百人余りで、品物を見に行かない者でも見たと言えば一口乗る、まるで鳶《とび》の者の建前の手伝いといった形でした。再入札の節私共では『記録部類』という大部の写本を買いましてて内務省へ納めましたが、今日ではたしか内閣の方にあるはずです」（同書）

つまり、クラウドファンディング方式で集めた資金でウブ口を浅倉屋が代表で買い、これをクラウドファンディングに参加した古書店に再入札させるという方法が用いられていたのである。浅倉屋は古書業界代表としてウブ口の買い入れを行っていたのだ。

浅倉屋は十代目が六十一歳のとき、関東大震災に遭遇、店舗、倉庫とも完全に焼き尽されるという大打撃を受けたが、十一代目のときに再建にこぎつけ、浅草の地を離れて店舗を本郷に移転、古典籍専門店として復興につとめた。現在は練馬区小竹《こたけ》町に移転して盛業中である。

ところで、右の十代目の談話の中でセドリ組合で辣腕《らつわん》でならした人たちの名前が列挙されているが、明治初期にはこのセドリが供給サイドで重要な役割を果たしていたので、これについて古老の昔語りから重要な証言を拾っておこう。

明治初期のセドリ名人

先に琳琅閣の初代・斎藤兼蔵が最初、芝文に、ついで岩田七五郎という二人のセドリ名人について古書の勉強をしたと書いたが、このセドリの「個人授業」においては、「弟子」になる者が資金の提供と風呂敷による荷負いを担当し、「先生」が各所の古書店で掘り出し物を見つける役割を担う。そして、仕入れが終わると、浅倉屋のような大店や専門店に二人で出かけて仕入品を売却する。取り分は、「先生」が六割、「弟子」が四割が原則だが、折半のこともあった。先生のほうはたいてい大酒飲みの放蕩者だったので、その日に稼いだ金は全部、遊郭で使ってしまい、翌日は迎えに来た弟子とともに遊郭から出陣というようなことが繰り返されたようだ。『紙魚の昔がたり　明治大正篇』には「最後のセドリ」と言われた田菊書店店主・田中菊雄に聞いた「明治大正期のセドリについて　その一、和本屋の巻」があるが、そこでは田中の「先生」だった松崎半造（浅草天王橋際の求古堂店主）のそのまた「先生」である卯之助なるセドリ名人のことが語られている。卯之助はまさにこうした放蕩無頼のセドリ名人の典型で「吉原の女郎屋」をほとんど住まいにしていたが、そのことが警察の嫌疑を招いた。

「ところが幸いなことには、この人は自分が商売をしたことは細かに帳面につけてあった。何日何処で何をいくら買って何処へいくらで売った、そしていくらいくら儲かった、と帳面にキチンと書いてある。それが詳細にあるのだから疑いがはれた、というような有様でした。卯之さんはしまいには悪い病気で死にました」

一方、「弟子」のほうはいずれ店を構えようとする野心的な若者が多いのでセドリで得た利益を貯めて将来に備えた。琳琅閣の初代・斎藤兼蔵、求古堂の松崎半造、文行堂《ぶんこうどう》・横尾卯之助、大屋《おおや》書房・纐纈房太《こうけつふさた》郎《ろう》らはまさにこうしたセドリの「弟子」から身を起こして名店を築いたのである。いずれも浅草方面に店を構えている。

ちなみに、田中菊雄はやがてセドリとして一本立ちして、弟子を取るようになるが、弟子をつれて田中がまず出かけたのは南伝馬町の赤沢政吉という古書店だった。なぜかというと、赤沢では新聞広告を出して買い入れをしていたので、古書が最初に並ぶ店だったのである。田中は伊藤福太郎という見習いをつれて赤沢に行き、安いものを仕入れては背負わせ、浅倉屋、斎藤・琳琅閣、芝神明の二三屋、あるいは吉川弘文館の前身である南伝馬町の近江屋・吉川半七《はんしち》に売り込んだのである。

不定期な市会から定期的な市会へ

ところで、明治の十年代頃には、市会がなかったからセドリが多かったと言われることが多い。その理由は、江戸の市会は本屋仲間の主たる存在理由である板株市と一緒に開催されていたので、本屋仲間が明治八年（一八七五）の改正出版条例で解体した後には、開かれなくなってしまったものと思われる。

しかし、定期的に開催される市会（定市《じょういち》）はなかったが、不定期な市会はあったようだ。田中菊雄は稲荷町《いなりちょう》の福田屋勝三（通称・本勝）、明神下《みょうじんした》の島屋・別所平七（通称・島平《しまへい》）の店で不定期に市が開かれていたが、彼らは市を開いても、通例認められていた歩一《ぶいち》（売上から市会主催者が五パーセントの手数料を取ること）をしなかったので、振り主（主催者から委託された振り手）の恣意《しい》に任されることが多かったと証言している。

しかし、定市がないのは不便であり、店の習い奉公人に本の勉強をさせることができないというので、西南戦争の終わった頃に、近江屋・吉川半七が自分の店で定市を開いた。田中は「それが市の初めです。それで熱心に本を覚えたのが、後に吉川の大将になった林縫之助、店にいる時は伊助といった。あれは和泉屋というやはり本屋の伜《せがれ》です」と証言している。田中はさらに、この近江屋・吉川半七での定市は昼ではなく夜行われ、振り（発声での入札）でもお椀《わん》伏せ（お椀の中に値段を書く入札）でもなく、付木《つけぎ》というマッチの元祖のような細い木片に名前と値段を書いて入札したと語っている。落札した本はそのままにして落札者は帰ってしまい、翌日、奉公人に取りにやらせたと述べている。

定市は、その後、青柳亭という貸席に移ったが、運営がうまくいかず低迷したので、村《むら》口《ぐち》書房の村口半次郎、琳琅閣・斎藤兼蔵、文行堂・横尾卯之助がテコ入れを図り、井上書店が本郷の志久本《しくもと》亭で開いていた市と合同で市を作った。こうして明治三十年くらいから定期市がようやく軌道に乗るようになったのである。

次の時代を準備した構造的変化

明治十年代も後半に入ると、古書業界にも大きな変化が訪れる。

変化をもたらした最大の、しかしあまり目立たない要因はフランスの教育制度にならって明治五年（一八七二）に学制が公布され、小学校教育が開始されたことである。

慶応三年（一八六七）生まれの夏目漱石はこの学制によって設置された錦華《きんか》小学校に入学し、教育令が出た明治十二年（一八七九）に東京府立第一中学校に入学している。まさに学校制度とともに成長していった一人である。

この漱石の例からも明らかなように、本来なら江戸の町人として非識字階級として終わったかもしれない階層の子供でも、制度に保障されて学歴と知識にアクセスできるようになった。この公教育の普及が最終的には書籍業界と古書業界に大きな変化を与えることになるのである。

ちなみに、日本が手本としたフランスにおいてジュール・フェリー内閣のもとで義務教育法が施行されるのは一八八二年だから、小学校教育に関しては日本のほうがフランスに先んじていた。歴史人口学が教えるところでは、教育とは識字階級の底辺を拡大するばかりか、その国の潜在的な国力を強化し、ＧＤＰも大きくするので、初等教育が明治五年という早い段階で始まった影響は思っているよりもはるかに大きかったのである。

第四章

東京大学誕生と神保町の台頭

明治十年代〈二〉

神田・一橋地区への大学・専門学校設立ラッシュと洋書需要

古本業界にとっても公教育の普及の影響は徐々に現れてくるが、しかし、即効的な変化という点では、明治十年(一八七七)四月に東京開成学校と東京医学校が合併して東京大学として一橋《ひとつばし》地区に開学したことを挙げるべきだろう。同じ一橋地区には東京外国語学校もあり、その学術的門前町として、神田神保町が急浮上することになったからである。これについては、後に神田神保町古書店街の形成のところで詳述するが、古本業界全体のことで言えば、東京大学誕生は、需要面でも供給面でもこれまでにないような大きなインパクトをもたらした。

一つは、東京大学誕生で、教科書としての洋書需要、ついでその洋書教科書の注釈本、翻訳本としての洋装本需要が生まれたことである。

東京大学は、その前身である開成学校時代から授業を英語・フランス語・ドイツ語のいずれかで行うダイレクト・メソッドの「正則」システムを採用していたが、この「正則」システムは、明治八年(一八七五)に英仏独三言語併用体制が廃されて言語が英語に一本化された後でも堅持され、授業内共通語は英語となった。

では、この英語「正則」授業システムが日本の書籍業界に大きな変化を引き起こしたのはなぜなのだろう。

原因は英語「正則」授業で使われた洋書が非常に高価だったことにある。洋書は福沢諭吉を命を受けて弟子の早矢仕有的が作った丸善が一手に輸入を担当していたが、やはり海をはるばる越えて渡ってくる洋書は当時の生活水準に比べてかなり高かった。もっとも、この頃の東京大学は、フランスのエコール・ノルマン・シュペリユールなどと同じように学生に俸給を支給していたから、後の大学生よりも生活は楽だったが、それでも大学生の所有しているモノの中で洋書は高い部類に入っていた。

しかし、そのことは同時に何かの理由で金が急に入り用になったときには、洋書は換金性ナンバーワンのモノとして処分されることを意味していた。だが、いったい、換金したいときに誰に売れればいいのか？

こうした需要に応えるように、東京大学のお膝下であった神田神保町に誕生したのが洋書を中心に扱う古書店である。その第一号は、今日もなお、出版社として盛業中の「有斐《ゆうひ》閣《かく》」である。

神田・一橋地区古書店第一号、有斐閣の誕生

『有斐閣百年史』によると創業者・江草斧太郎《えぐさおのたろう》は忍《おし》藩士江草孝太郎の長男として安政四年（一八五七）に生まれた。現在の埼玉県行田《ぎょうだ》市にあった忍藩は家康の孫で養子となった松平忠明《ただあきら》を始祖とする譜代藩で学問・教育が盛んな藩として知られ、明治元年（一八六八）には大鳥圭介《おおとりけいすけ》に英学を学んだ芳川俊雄を学頭とする洋学校が設けられていた。だから、時代の大変動がなければ、江草斧太郎もこの洋学校に学んで、大学予備門（旧制第一高等学校の前身）、東京大学へと進学したかもしれない。だが、明治四年（一八七一）の廃藩置県により、江草家は収入の道を失ったため、斧太郎も口を糊《のり》する方法を探らざるを得なくなる。

斧太郎が選んだ就職口は、館林藩士の息子だった田山花袋と同じく、書店員だった。すなわち、元忍藩士・伊藤徳太郎が経営する日本橋の慶雲堂に丁稚として入店したのだ。この選択がある意味、斧太郎の運命を決することになる。慶雲堂は丸善と並んで英語読本の翻刻本を扱う書店だったため、中学校には進学しなくともおのずと洋書や語学書に親しむようになったからだ。

明治十年（一八七七）、三年の年季奉公を終えた斧太郎は一度故郷に戻り、父親の金禄公

債を処分して得た資金を元手に、神田一ツ橋通町《ひとつばしどおりちょう》四番地に「有史閣」を開店した。二年後、後述のような理由から店名を「有斐閣」と変える。

ところで、斧太郎が「有史閣」／「有斐閣」を神田一ツ橋通町、すなわち現在のさくら通りに開いたということは、ここが幕末から学問の中心地となっていたことを思えば当然のように思われるかもしれないが、実際には、よほどの先見の明がない限り決断できない大冒険であったのだ。

なぜなら、これまで神田一橋地区には書店と呼べるような店は一軒もなく、書店は新刊書店、古書店を問わず、日本橋と芝神明町を結ぶラインか、さもなければ新興の盛り場である神田淡路町に出店するというのが通り相場だったからである。

では、こうした常識を無視して斧太郎が創業の地を神田一橋に選んだのはなぜかといえば、それは洋古書の供給・需要ともこの地区が最高と踏んだからに違いない。奉公先である慶雲堂がある日本橋を避けるという意味もあったが、洋古書を扱っていた経験からこの地区が最適と判断したのである。

読みはどんぴしゃりと当たり、「有史閣」／「有斐閣」は開店当初から東京大学や大学予備門の学生たちが頻繁に出入りする場所となった。こうした常連の一人に、後に「有斐閣」の出版物の主要な執筆者の一人となった法学者の江木衷《えぎまこと》がいた。江木は後年、『図書月報』に掲載された「故江草斧太郎氏小伝」でこう述べている。

「最初懇意になつたのは僕等が一ツ橋（大学）の寄宿舎に居る頃、江草が小ぽけな古本店を出してるので本を売りに行つたのが縁故の抑々であるが、元来書生肌の商人だから忽《たちま》ち友人のやうになつたのです。此頃の新聞にも『大学生の弗《ドル》箱』など、ある通り、我々の同窓間には随分彼の世話になつた者もあれば迷惑をかけた連中も少くなかつたが、元々狂熱肌の親切な男ですから却々《なかなか》人の真似の出来ない面倒を見て呉《く》れました」（『有斐閣百年史』に引用）

要するに、江草は主に洋書を担保として学生たちに友情利率で金を貸す銀行の役割を果たしたわけだが、しかし、じつを言うと、担保に取ったのは洋書ばかりではなかった。利用学生の将来を担保にして金を貸し付けていたのである。このことは早稲田大学（東京専門学校）の事実上の創立者の一人で、坪内逍遙《しょうよう》の友人であった高田早苗《たかたさなえ》が証言している。

「かう云う次第だつたから、誰も彼も今に彼が発展の材料に供さる、と知りつ、友人に成つて了《しま》ふ、果せる哉彼は我々が大学を卒業すると抜目なく利用する。即ち何か書いて貰つて出版しそして我々の顔で諸大学へ売込んだが珍しい手堅い遣口《やりくち》だから、更に失敗といふ事を為《ため》た例しがない」（前掲『図書月報』）

この高田の証言は長年の友人であるがための露悪的なニュアンスがあり、江草が最初から将来の見返りを期待して「学生の銀行」の役割を果たしていたというのは言いすぎである。しかし、反面、江草が古本屋としてスタートしながら、いずれは学術書の出版をしたいと考えていたのは事実である。そして、「有斐閣」が先鞭をつけた学生相手の古本屋から学術出版社へというコースは以後、神田一橋地区の古本屋がたどる一つの定型となるのである。

三省堂の開店

その定型の一つが「有斐閣」に遅れること四年、明治十四年（一八八一）に裏《うら》神保町一番地に開店した「三省堂」である。なお、裏神保町というのは、現在の靖国通りのことで、現在のすずらん通りが表《おもて》神保町。明治の市区改正（都市計画）で改正通り（靖国通り）が誕生するまで、神田神保町の中心は表神保町（すずらん通り）にあったのである（一五六―一五七頁の地図参照）。

ところで、「三省堂」の歴史をひもとくと、「有斐閣」とは異なり、創業者は亀井「夫妻」となっていることが多いが、それにはわけがある。まず『三省堂の百年』に拠って夫妻の来歴から見ていこう。

「三省堂」の創業者の一人亀井忠一《ただかず》は幕臣中川市助の五男として生まれ、十四歳のとき中川家よりも格上の幕臣亀井家の次女万喜子と結婚、亀井家の養子となる。だが、明治の大変動で亀井家の家運は傾き、亀井夫妻は東京に出て、まず忠一の兄が始めていた下駄屋を継ぐが、明治十四年の四谷大火で店舗が全焼したため、兄の手掛けていた古本屋になることを決意、明治十四年に裏神保町一番地に店を開く。屋号は『論語』学而《がくじ》篇から取った。夫妻の営業スタイルはなかなかユニークなものであった。

一般に古本屋商売というのは客をひたすら待つことからなっている。ところが、亀井忠一は古本屋商売に慣れていなかったので、店番は妻に任せて他の古本屋の店先に立ち、本を売りに来て交渉不成立で出てくる客がいると、新規の店で高く買ってくれるところを知っていると言って自店に案内し、実際に一割高く買い取ったのである。そして、売るときには他店よりも一割安く売ることにした。こうした薄利多売に徹すれば素人でも道は開けると信じていたのである。「今日の売り手は、明日の買い手」というのが「三省堂」のモットーとなったのである。

こうした新手の商業形態は亀井夫妻が古本商売にはほぼ素人で、業界の常識を知らないことから生まれたものだが、実際のところ、イノベーションというのは常に素人によってもたらされるものなのである。

三省堂の店頭（明治36年初夏頃）。『漢和大字典』の立て看板や、白絣《しろがすり》を着た客らしき学生の姿も見える。（『三省堂の百年』より）

ところで、「三省堂」も、需要と供給の面では「有斐閣」と同じく学生が相手だったから必然的に洋書の買い取りのためにいろいろと勉強することが必要だった。なぜなら、学生の中には、内容的にはあまり価値がないのに装丁だけは立派な洋書を高く買い取らせて喜ぶ不埒《ふらち》な輩も少なくなかったからである。

ではどうするか？　題名くらいは理解できるように自分も語学を学ぶしかないが、残念ながら忠一にはその気力はなかった。

「忠一は開豁《かいかつ》・機敏、意志も堅固で商売熱心ではあるけれど、学問は面倒だと思う方。逆に万喜子は学問好き。まず、独逸語からはじめた」（『三省堂の百年』）
ドイツ語の勉強から始めたのは、その頃にはまだ東大医学部が神田淡路町にあり、医学生が頻繁にドイツ語の原書を売りにきたためである。万喜子はこうした客の一人だった大学生にドイツ語を習い、これをものにすると次に英語にチャレンジした。こちらは駿河台の静修女学校で英語教授をしていた城山たきのもとに店が夜十一時に閉店してから通ったという。
このように、「三省堂」は夫婦が見事に役割分担することで経営は一気に軌道に乗ったが、そうなればそうなったで古本屋のパラドックスという問題に突き当たる。すなわち、いくら薄利多売を心がけても、古本である以上、供給サイドすなわち仕入れに限界があるということである。
こうして古本屋のパラドックスに突き当たった「三省堂」は、大量供給を可能にするために出版に乗り出すほかないという結論に至る。ただし、出版といっても売れ筋の教科書や辞書の翻刻版である。当時はまだ著作権の国際ルールを定めたベルヌ条約締結以前（日本の加盟は明治三十二年）だったので、洋書の翻刻・翻訳は自由にできたのだ。だが、資金はどうする？　これまた江戸時代からの慣習に則り、合版《ごうはん》すなわち他の書店との合同出版のかたちを取ったのである。

かくて、明治十六年（一八八三）には「三省堂」初の教科書出版となる『ウヰルソン氏第一リードル独案内』が、翌年には初の辞書出版となる『英和袖珍字彙《しゅうちんじい》』が出た。なかでも、小川町の英学塾塾長の西山義行《よしゆき》による『英和袖珍字彙』は好評でベストセラーとなった。

「総革包み、厚さ九分、語数約三万、体裁・内容は今日からみるとすこぶる貧弱・幼稚で、しかも四社同盟版ではあるが、この辞書こそ三省堂にとって最初の英語辞書、最初の小型辞書出版である」（同書）

さりげなく書かれているが、じつを言うと、ここには日本の出版史を大きく変更するよ

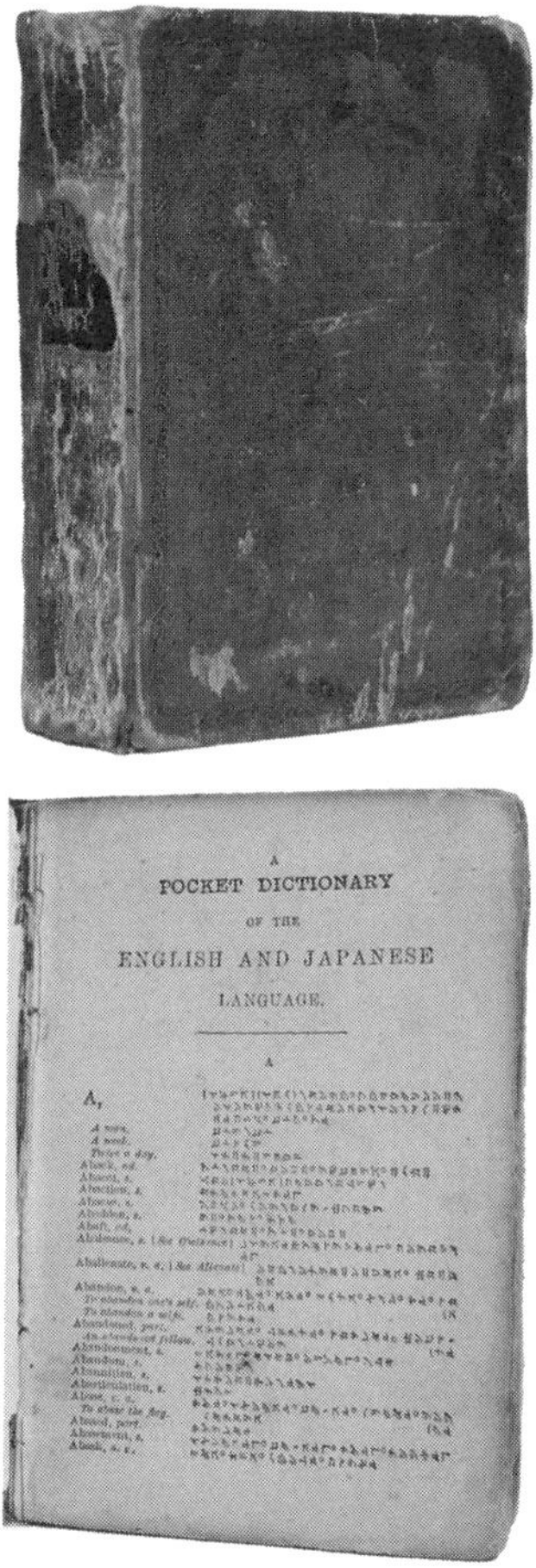

『英和袖珍字彙』（西山義行編、三省堂、明治17年刊）の外観と巻頭
（写真：境田稔信「三省堂辞書の歩み」三省堂辞書ウェブサイトより）

うな変化が印《しる》されているのである。

それは「総革包み、厚さ九分」という記述からも容易に想像できるように、この辞書が和本ではなく洋装本だったことである。つまり、三省堂の『英和袖珍字彙』は和本から洋装本へという、日本の書籍史における最大の転換をよく象徴していたのだ。

和本から洋装本へ

一般的に言って、明治も十年代の前半までは、新刊本といえども江戸時代と同じ和綴じの和本がほとんどだった。慶応義塾出版局が出した福沢諭吉の数々のベストセラーも和本だった。だが、一方で、洋装本出版の「条件」となるように技術的なイノベーションが徐々に準備されつつあった。

一つは活版印刷の開始である。アルファベットの活版印刷術を漢字と仮名の混じりあった日本語に応用するのには多大な困難が伴ったが、オランダ語通司《つうじ》だった本木晶造《もときしょうぞう》が明治二年（一八六九）にアメリカ人技師・ガンブルから活字鋳造技術と組版の講習を受けて翌年に設立した新街《しんまち》活版製造所が活版印刷の実用化にこぎつけたことで道が開けたのである。新街活版製造所は本木の弟子たちによってその後、東京築地活版製造所へと発展し、日本の活版印刷を担うことになる。

しかし、活版印刷が実用化したとしても紙が印刷に耐えるようなものでなければどうしようもないが、こちらは渋沢栄一の肝入りで設立された抄紙《しょうし》会社（後の王子製紙）が洋紙製造を開始し、供給面でのめどがついた。

こうした背景に明治政府が自らの威信にかけて世に問うたのが『米欧回覧実記』全五巻（明治十一年刊）である。これは日本初の洋紙と活版印刷を用いた本格的な書籍であるばかりかもう一つのイノベーションを含んでいた。それは、『米欧回覧実記』が和本ではなく洋装本として出版されたことである。反町は『米欧回覧実記』がきっかけとなって洋装本が多くなった経緯を次のように語っている。

「（『米欧回覧実記』は）官費で模範的の洋装本を作って見せようという意気込みだったんでしょう。日本の近代活字の創始者本木晶造が、電胎母型《でんたいぼけい》で鋳造した活字を使って印刷し、製本は壮麗堅牢、背文字の金がピカピカ光っています。一体に政府関係の出版物が、一番早く洋紙・洋装になりました。政治・法律関係のものは、十年以後には和装のは殆ど出版されていない」（『紙魚の昔がたり　明治大正篇』）

この発言はすべて事実を踏まえているが、ただ、私から言わせると、ある事実を見逃している。それは洋装本というのは日本独自の発明品であり、欧米からの輸入品ではないということである。

世界で唯一の発明品「洋装本」

一般に、欧米では二十世紀の中頃まで、新刊本のほとんどは版元から仮綴じの状態で出版されていた。フランスはとくにその傾向が強い。なぜ、そのような形態を取っていたかといえば、一つには中世に巻物形式ではないコデックス形式（紙を複数枚重ね合わせ、その一辺を綴じたもの）の本というものが誕生したとき、羊皮紙《ようひし》を綴じてコデックス形式の仮綴じにする製本部門と、その仮綴じを本綴じにして表紙を革装丁とする装丁部門は、別の業態と見なされて、ギルド（同業組合）がそれぞれ別に作られたからである。一業態一ギルドが原則だったためである。以後、中国から紙がもたらされ、グーテンベルクによって活版印刷が発明されても、この原則は変わらなかったので、紙に印刷された本は仮綴じの状態で書店に並んだのである。

もう一つは、本というものが高価だったため、有産階級を消費者として想定していたことと関係がある。すなわち、有産階級は仮綴じの状態で出版された本を書店で購入すると、これを自分の好みに合わせたデザインの革装丁本にしてもらうために革装丁屋に預けた。

王侯貴族などは自家の紋章入りの装丁に統一して書庫に収めるのが普通だった。つまり、本が最終的に完成するのは、購入者が自分好みの装丁にし終えたときなのである。

もちろん、例外もある。辞典や百科事典の類で、多くは版元から仮綴じではなくそれなりに堅牢な本綴じで出版された。これを版元装丁本と呼ぶ。しかし、表紙の装丁は革装丁だと価格が高くなるので、バザーヌと呼ばれるロバ革の安い装丁かさもなければカルトナージュと呼ばれる箔押しのボール紙装丁である。そのため、長くはもたないので購入者の多くはこれも自分で革装丁にした。

おそらく、明治十年頃、『米欧回覧実記』とそれに続いて洋装本の出版を試みた出版業者はこの事実を知らなかったに違いない。欧米の本は仮綴じ状態で出版されるのではなく、革装丁済みの状態で出版されるのだと誤解したのである。なぜなら、丸善などを介して輸入されてくる本は、「古書」か、あるいは強固な版元装丁になっている辞書・辞典類だったため、いずれも仮綴じではなく革装丁になっており、これが西洋の本の常態だと思い込んだからだ。

その結果、出版社から依頼を受けた製本屋は、欧米の革装丁本を解体して研究し、その構造を理解して、本綴じ状態の洋装本を版元装丁として（多くは革装丁ではなくクロス装丁として）出せるまでに技術を革新していったのである。

麗しき誤解というほかない。そして、この麗しき誤解が洋装本という世界に類のない堅牢な版元装丁本を生み出すことになったのである。

洋装本化リテラシーの普及

実際、法律・政治関係から始まった洋装本化はついで経済・社会関係や自然科学分野にも普及していった。唯一、洋装本化が遅れたのは文学関係で、明治十八年（一八八五）から十九年にかけて出た坪内逍遙の『当世書生気質《とうせいしょせいかたぎ》』も和綴じの和本だった。

しかし、明治二十年代に入ると、洋装本化は止めようもなく、文学作品も洋装本で出るようになる。なぜこうなったかと言えば、それは慶応末年か明治初年に生まれた夏目漱石や正岡子規など、正則の英語教育を受けて、洋活字、洋紙、洋装の洋書でテクストを読み、論理的思考を身につけ、西洋的な価値観を持った世代が大学を卒業し、教育や出版などの分野に進出したからである。今風の言い方をすれば、洋活字、洋紙、洋装というリテラシーになじんだ世代の登場である。

彼らは、夏目漱石の『坊ちゃん』にあるように、地方都市に新設された中学校や高等学校に教員として赴任したが、これは明治十九年に発令された中学校令に基づいて各県に中学校が新設されたことを背景としている。これもまた洋装本の普及に与《あずか》って力があったが、しかし、洋装本の普及にはもう一つ別の要因があったように思える。

神田に私立法律学校が集まった真の理由

そのもう一つの理由とは、明治十年代から二十年代前半にかけて書籍業界、とりわけ古書業界に起こった重要な変化である。

それは、明治、中央、法政、専修、それに日大（日本法律学校）といった私立の法律学校が続々と創立され、それがことごとく神田・一橋地区に蝟集《いしゅう》するようになった事実である。

私立法律学校の創立ラッシュは明治十三年（一八八〇）に代言人《だいげんにん》（弁護士）制度が変わり、養成機関としての法律学校（ロースクール）を卒業していないと代言人になれなくなったためだが、ではなぜ、これらの法律学校が神田地区に集まってきたのかというと、それは法律学校の多くが夜学としてスタートしたからである。生徒のほとんどは昼間は社会の名士たちの家で住み込みで働いて夜に学校に行かせてもらういわゆる「書生」だったが、一方、講師はというと、こちらも昼間は司法省や裁判所あるいは東京大学でフルタイム労働に従事する法律家だった。そのため、本務地と非常勤の法律学校間の移動に時間をかけたくないという理由で、法律学校は神田地区に集まってくるようになったのである。

では、法律学校の神田・一橋地区への集中が洋装本の普及と関係があるのだろうか？

それは、これらの法律学校では、東大と違って「変則」、つまり日本語の教科書を使う日本語の授業を実施していたからである。その日本語の法律教科書の多くは洋装本だったし、理の当然として古本も洋装本だったため、法律書を出版・販売する新刊書店も、またセコハン本を扱う古書店も、みな和装本ではなく洋装本を扱う本屋に特化したが、そうした本屋は、法律学校の蝟集する神田神保町に集まるようになったというわけなのである。

東京大学は明治十七年（一八八四）から翌年にかけて、大学予備門は明治二十二年（一八八九）に神田一橋地区を離れて本郷に移転したが、神田地区にはすでに十分に法律学校が蝟集していたので、大学門前町として、法律関係の洋装本を扱う本屋の町という地位はいささかも揺るがなかったのである。

さて、以上で明治十年代の記述を終えたいが、その前に、神田神保町を古書店街に変えた第一派（ファースト・ウェーブ）の古書店として有斐閣と三省堂のほか、あと二店、冨山《ふざん》房《ぼう》と中西屋（丸善支店）を加えておきたい。というのも、この二店は後には古書販売から業態変更したが、当初は古本屋としてスタートした紛れもないファースト・ウェーブの古書店だからである。

冨山房の開業は明治十九年（一八八六）。創業者は坂本嘉治馬《かじま》である。
慶応二年（一八六六）に土佐宿毛《すくも》に足軽身分の武士の息子として生まれた坂本は明治十六年（一八八三）に郷里を出て同郷の土佐藩士・小野梓《おのあずさ》が経営する神田小川町の東洋館という出版社に入社する。小野は大隈重信の片腕として立憲改進党の創立、東京専門学校（後の早稲田大学）の設立、そして出版社・東洋館の経営と獅子奮迅の活躍をしていたが、肺結核のため明治十九年に早世した。ちなみに、三島由紀夫の祖父・平岡定太郎《さだたろう》は東大入学前に東京専門学校に学んだとき小野梓に心酔し、一人息子に梓と命名したという。

坂本は東洋館では番頭格として働いていたこともあり、小野梓が死去するとその遺志を継いで東洋館の後継店を作ることを決意。小野の義兄で三菱の知恵袋だった小野義真《ぎしん》に資金を仰いで神田神保町に冨山房を開業。当初は洋書の古本屋としてスタートし、リーダーの復刻販売へと進んで、小野梓の『経済言論』を処女出版とした。以後、冨山房は地味ながら堅実な出版社として今日に至っているのである。

一方、現在、洋古書の老舗「崇文荘《すうぶんそう》」のある場所（現在の神田小川町三丁目三番地、昭和八年まで表神保町二番地）にあった中西屋は、明治十四年（一八八一）に丸善の経営者・早矢仕有的が売れ残りの洋書を経理処理するために設けた洋古書店で、店名は「広く中土（日本）西洋の書籍を売買する」という意味で命名されたものである。以後、中西屋は神田神保町で洋古書を求めるインテリには欠かせないスポットとなり、数多くの小説や回想に描かれることになる。一つだけ挙げると夏目漱石の『門』に描かれたのはこの中西屋である。

「宗助は駿河台下《するがだいした》で電車を降りた。降りるとすぐ右側の窓硝子《まどガラス》の中に美しく並べてある洋書に眼がついた。宗助はしばらくその前に立って、赤や青や縞《しま》や模様の上に、鮮《あざや》かに叩き込んである金文字を眺めた」

中西屋は明治三十年（一八九七）に、名義人が有的の息子の山田九郎に代わったが、実質経営は丸善から出向した伊村新一の息子・伊村金之助が担当した。この伊村金之助が中西屋中興の祖で、洋古書販売のかたわら児童書の出版にも手を染め、児童書の歴史に名高い「ナカニシヤの絵本」を発行したのである。中西屋は大正九年（一九二〇）に、丸善の機構改革により丸善支店として再出発した。戦後まで存続したようだが、その時期は明らかではない。いずれにしても、神田神保町ファースト・ウェーブの一角を占める名物的古書店であったことは確かである。

第五章

東海道線全通と神保町第二の波

明治二十年代

大出版社・博文館の創業と取次大手・東京堂の誕生

明治二十年代に入ると書籍業界は大きく変わる。新刊本では洋装本と和装本の比率が逆転し、洋装本が主流を占めるまでになったからである。和装本化が一番遅れていた文学書さえ二十年代の中頃からは洋装本として出版されるようになる。

この大転換をもたらしたのは、供給サイドで見れば、製紙業（洋紙）の発達、活字鋳造と活版印刷の進化、それに洋装本の製本技術の効率化などであるが、しかし、いくら供給サイドが発達しても需要サイド（出版社および読者）が拡大しなければ、大転換も望めない。だが、明治二十年代に入るとこの需要サイドが大きく広がり始めたのである。

一つは教育の全国的拡大による識字階層の増加だが、その増加は新聞と雑誌の部数拡大と軌を一にしている。中でも特筆すべきは、明治二十年（一八八七）に新潟長岡出身の実業家・大橋佐平《おおはしさへい》とその息子・新太郎《しんたろう》によって創業された博文館《はくぶんかん》が大量印刷・大量発行システムに乗った雑誌を次々に創刊して巨大出版社に成長したことである。これにより需要サイドが急激に拡大し、洋装本への転換は不可逆的なものになったのである。

もう一つの変化は、博文館が最初、小売のために明治二十三年（一八九〇）に設けた東

明治40年頃の東京堂

京堂が、翌年に博文館以外の雑誌と書籍を扱う取次へと業態変更したことである。博文館はすでに独自の取次網を作り上げていたのだが、他社のために東京堂を取次にしたのだ。これにより、全国津々浦々の小売書店まであるゆる雑誌と書籍を届ける巨大取次網が完成し、日本の出版界はこれまでとは比べ物にならないくらいに急拡大し始めたのである。

東海道線の全通と古書目録の発行

じつは、この取次への東京堂の業態変更は、博文館を取り仕切る大橋新太郎が、明治二十二年(一八八九)七月に全線開通した東海道本線による輸送量増加を見越して決断したものだった。それまでは本や雑誌といった重量物の運搬は横浜と神戸を結ぶ汽船に頼っていたので大量・短時間運送は不可能だったが、東海道線の全通でこれが可能になり、書籍流通が加速されることとなったのだ。

この東海道線の全通は、書籍業界ばかりか古書業界にも大きな変化をもたらすことになる。それまで、東京と京都・大阪に偏在していたジャンルの違う古書が東海道線に乗って東西を行き来するようになったからである。

東海道線全通以前には、関西には数千年の学問や文化の歴史があるので、古写本・古版本が多く存在していた。具体的に言うと、春日版、五山版、古活字版、それに江戸半ばまでの浮世草子、古俳諧書、西鶴本なども京都・大阪にかたまって存在していた。対するに、江戸は元禄・正徳以後に文化や学問が急発達したので、絵草紙、黄表紙、それに山東京伝や滝沢馬琴などの読本が多かった。

東海道線全通前でも目ざとい業者、とりわけ遊動性に富む東京のセドリ業者たちは横浜・神戸間の定期船に乗って東京にはない古書を買い出しに行ったりはしていた。それはセドリ名人の田中菊雄の回想に描かれている。田中はセドリ仲間を誘って関西に買い出しに行くため汽船の三等船室に乗ったが、あまり顔を見られるのはまずいからと毛布をかぶって隅のほうにいたのだか、もういいだろうと顔を出してみると、まわりは同業者ばかりだったのである。

「オヤオヤと思う知った顔が彼方《あっち》にも此方《こっち》にもいる。やア、あそこに瀬山がいる、おや、松崎もいる、というようなわけで、一緒になってしまう」(『紙魚の昔がたり　明治大正篇』)

このように、面倒くささを顧みずにセドリたちが汽船で関西に買い出しに出たのは、関西では東京で高値を呼んでいる漢籍や古写本、古版本が驚くほど安く手に入ったからである。

では、東海道線全通以後はどうなったか？　セドリたちの行き来が頻繁になったのはもちろんだが、もう一つ、大きな変化が現れたのである。

それは東西の大手古書店が古書目録を発行し、この古書目録が東海道線に乗って全国に配られると、次には注文を受けた古書が同じく東海道線を介して全国に配達されるようになったことである。

反町茂雄は『紙魚の昔がたり　明治大正篇』の冒頭におかれた座談会「明治大正六十年間の古書業界」で、この東海道線全通によって東西を行き来するようになった古書目録について実物を示しながら、次のような指摘を行っている。

すなわち、発見された最初の古書目録は、吉川半七(後の吉川弘文館)が出した目録第三号である。この第三号の発行期日は明治二十三年(一八九〇)九月、第四号が十月、第六

青山堂　雁金屋目録

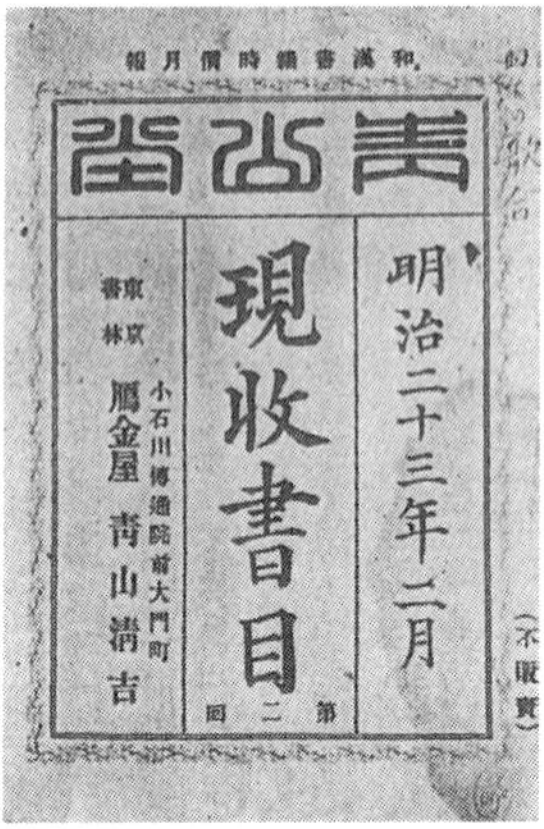

鹿田松雲堂目録

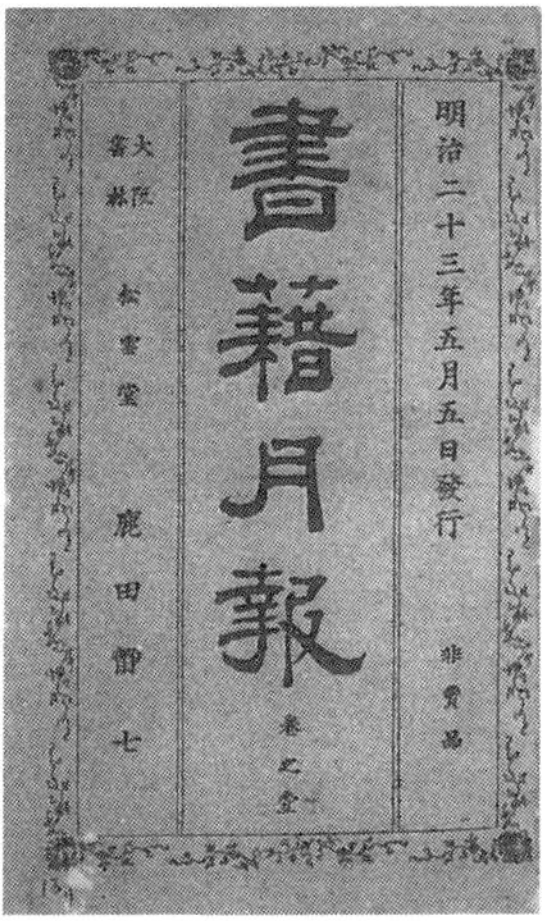

＊2点とも『紙魚の昔がたり
明治大正篇』より

号が翌二十四年二月なので、この間隔から推測すると、第一号は明治二十三年四月か五月あたりということになる。反町が所有するもう一つの古書目録は青山堂《せいざんどう》雁金屋《かりがねや》清吉のもので、第二号から第五号まで四冊。第二号の発行期日が明治二十三年二月で、第三号が三月、第四号が四月、第五号が五月だから、第一号は明治二十三年一月と推定される。つまり、明治二十二年七月に東海道線が全通してからわずか半年余りの間に最低二つの古書店が目録を発行しているのである。

　この反町の説明に対し、青木書店の店主の反応と反町の答えが続くが、これが古書史の観点から興味深いので引用しておこう。

「青木　いつも不思議に思ってたんですが、反町さんは明治二十年以前の古書目録は無いとおっしゃっているんですが、反町さんみたいな業歴の方にも、それ以前の販売目録が見付からないのは不思議だと思ってたんですが、今言われたことで、その理由がよく判りました。

反町　鉄道開通以前は、目録を出したって送るのが大変、一冊ずつ自分の手で配るよりほかない。主要幹線の東海道線が出来て、初めてそういうことがやり易くなった。そして、注文された本も簡単に送れる」

なるほど、新刊書と雑誌が取次と東海道線全通で急拡大したのと同じように、古書店は東海道線全通と目録の発行で大いに有卦《うけ》に入《い》ったのである。明治二十二年という年号は古書店にとって復活を告げる狼煙《のろし》になったのだ。

国粋主義の台頭と国漢古書の復活

もう一つ、古書業界にとって追い風となったのは、外務卿・井上馨が主導してきた、鹿鳴館に象徴される欧化政策が明治二十年（一八八七）の条約改正失敗で頓挫し、国粋主義が急速に台頭して、「古い日本」がにわかに見直されるようになったことである。東京大学でも、いわゆる国・漢の歴史・文学の学科が勢力を盛り返すと同時に優れた学者が輩出してきたことも大きい。

「元来江戸の町は、徳川時代に出来たものです。しかも交通が不便で、本などの輸送は容易でない。だから足利時代のもの、あるいは鎌倉時代のもの、平安時代のもの、天平時代のものなぞは、こっちに沢山あるわけがない。関西方面にばかりあった。ところが明治になって東京で新しい学問がだんだん発達し、学者の研究が進むに従って、それらが必要にもなったり、欲しがる人も殖《ふ》えた。だから東海道線の開通と共に、どんどんこっちへ来るようになった。その後ズーッと続いて、以前は関西にだけあった古写本や古版本が、主として我々業者の手を通じて東京へ移った」（反町「明治大正六十年間の古書業界」）

さらに重要なのが、東京には、古写本や古版本に興味を持つ「金のある収集家」が多く存在するようになっていたことである。それは主として政府の要職に就いている薩長土肥の高官たちだった。具体的に言えば警察官僚から宮内大臣にまで登りつめた田中光顕、外務卿の井上馨、三浦梧楼《ごろう》将軍などである。彼らは、それぞれ政府の要職に就き、金銭的に余裕ができると収集癖と学問的興味の両方から格安だった古典籍に目を向けるようになったのだ。

明治二十八年（一八九五）に日清戦争勝利で二億両《テール》という賠償金が入り、この金が産業界のすべてを潤すようになると、トリクルダウンの法則により、これまで一番顧みられることがなかった古典籍にも金が流れ込み、価格も徐々に上昇を始めたのである。反町茂雄に言わせると、明治三十年代の前半までは古典籍はまだ「一冊十五銭パー」の隘路《あいろ》を抜け出すことはなかったが、ついに隘路が開けたのだ。

洋装本古書店の誕生

一方、博文館と東京堂の創業で、マス生産とマス流通の道が開けた新刊の洋装本の出版・販売業界は、明治二十年代後半からは、急成長したブルジョワ層や学校・図書館をターゲットとして、全集・叢書の類に力を入れていく。

明治三十年代後半になると、これらの全集や叢書が絶版本となって、新しいタイプの古書店がこの恩恵に与る。すなわち、それまでは、古書店といえば和本、それも江戸以前に発行された古典籍を扱うものと相場が決まっていたのだが、明治三十年代後半になると洋装本のセコハンを扱う古本屋の中から、古書店と呼んでも差し支えない風格を持った書店が登場してくるのである。

「進歩的な大阪の鹿田松雲堂《しかたしょううんどう》では、明治三十年十一月発行の目録第六十七号から『活版洋装書之部』という部を新設して、三ページ半にわたって、四十三点の洋装古本を載せております。（中略）それこれで洋本業界は、三十年代に外部的な条件が良くなって、発展すべき基礎が着々と築き上げられたのであります。が、まだしかし、洋装古本だけでの売買でやって行く有力な古本屋さんを生むほどには到りません。明治時代は、大体最後まで、和本屋即ち古典籍商優勢時代です」（反町　前掲書）

とはいえ、和本を扱う古典籍商の売上金額は毎年、確実に減少していた。供給が明治十年代でストップしていたからである。対するに洋装本のセコハンを扱う古本屋は供給が日々増えていくので売上を毎年、伸ばしていたし、また新たに参入する古本屋も増加していた。そうした新興の古本屋が集まり出していたのが神田神保町である。

神田神保町古書街のセカンド・ウェーブ、東条書店

神田神保町は明治十年代から二十年代前半までは、有斐閣、三省堂、冨山房、中西屋といった洋書のセコハンおよび大学教科書のセコハンを扱う新興古書店が点在している程度だったが、右に述べたような社会的な変化がいくつか重なった結果、二十年代後半からは洋装本のセコハン本すなわち古本を扱う古本屋が増えてくる。セドリをしていた人が将来

は洋装本の古本にありと見て、当時は地価が安かった神保町に出店する場合もあったし、また他の街区で洋装本を扱っていた古本屋が神保町の将来性に賭けて移転してくる場合もあった。いずれも従来の古典籍の古書店での修業とは無縁の人たちが神田神保町を選んで出店してきたのである。これを神保町古書店の第二波（セカンド・ウェーブ）と名付けよう。

この第二波の代表格が東条（東條）書店である。この東条書店は昭和十四年（一九三九）に廃業したため、あまり記録が残っていないが、そのわずかな情報が『東京古書組合五十年史』にある。

「東条仁太郎、東条英二の先代ではじめは須田町《すだちょう》の二六《にろく》新報社の前で露店をやり、のち神田神保町に移って、明治・大正・昭和に東条書店として盛業の基礎を築いた人である。同店からは、文川堂小川鉄之介、池田清太郎、窪川精治、荻谷好之助等がでている」

東条書店が神保町第二波の代表格であるとしたのは、ここにあるように、この書店で洋装本の古本について修業を積んだ人たちが後に独立して多くは神保町に出店し、神保町の古書店街化に貢献したからである。ひとことで言えば、東条書店は最初の「古本屋の学校」となったのである。

東条書店の神保町進出の正確な時期は不明だが、場所ははっきりしている。裏神保町五番地。今の神保町交差点の廣文館《こうぶんかん》書店とその隣の稲垣ビルのある区画である（一五六―一五七頁の地図参照）。おそらく、裏神保町と呼ばれていた通りが明治三十年代初期の市区改正で拡大され、後に靖国通りとなる以前の出店だったが、ロケーション的には当時でも絶好の選択であった。これが東条書店発展の原因だった。東条書店は後に南神保町十番地（今日の神田神保町二丁目五番地）に本店を移し、裏神保町五番地の店舗は東条支店としたが、この支店は昭和十四年の地図（二三〇―二三一頁参照）からは姿を消している。

東条書店は、明治・大正の文学者たちの回想に意外によく登場する。おそらく、十九世紀末から二十世紀初頭に入ってきた新しい社会思想や美術に関連する古本を多く置いていたからではないかと思われる。きだみのる（人類学者・山田吉彦《よしひこ》の筆名）の『人生逃亡者の記録』（中公新書）によると、東条本店で番頭をつとめていた池田の清どん（池田清太郎）は、後に大逆事件に連座する幸徳秋水《こうとくしゅうすい》や大石誠之助《おおいしせいのすけ》のシンパで、芸術家・西村伊作《にしむらいさく》らの文化学院関係者とも親しく、官憲に尾行された幸徳秋水が店に入ってきたときには裏口から逃がしてやったため警察に引っ張られて何日か拘留されたこともある。

東条書店は大正十二年（一九二三）の関東大震災のすぐ後に、今《こん》和次郎の「バラック装飾社」によるバラック建築として蘇生するが、あるいはこれも文化学院の西村伊作とのつながりによるものかもしれない。

大正時代といえば白樺派だが、白樺派も東条書店の常連だったようだ。

「このころ白樺派の活動が目立ち、里見弴《とん》氏たちは小遣いがなくなると貸しで丸善から本を買い、これを東条書店に売っていた。高く売れるので美術書が多かった。おまい〔きだの用法では「私」の意味〕があまり熱心にロダンの豪華本を見ているのを見て、清どんは『家に持って行ってゆっくり見なさい』と言った」（きだみのる『人生逃亡者の記録』）

この「清どん」こと池田清太郎は、東条書店が昭和十四年に廃業したとき、独立して池田書店を興したが、経営がうまくいかず、東条書店の同僚だった小川鉄之介の文川堂に雇われたという。

古本屋の学校としての東条書店

ちなみに、文川堂は昭和四十九年（一九七四）刊の『東京古書組合五十年史』には神田支部の組合員名簿に「文川堂書房　小川実　千代田区神田神保町1－3　美術書、海外輸入稀覯古書籍」とあるが、現在は閉店しているようである。

これに対し、東条書店の卒業生として現在も盛業中なのが大雲堂《たいうんどう》書店。こちらは『東京古書組合五十年史』にこう記されている。

「大雲堂書店の創設者大雲久蔵、大学堂《だいがくどう》近田喜太郎は須田町で露店を開いていたが、東条

昭和初年の通神保町（裏神保町）の古書店街。手前から東條支店、大雲堂書店、奥に一誠堂書店の看板が見える。
（『日本地理風俗大系第二巻』1931年刊、新光社より）

の指導をえてともに三年くらいで店を持った。大雲堂書店は今川小路《いまがわこうじ》で間口二間半、表戸を上下にはね揚げ、降ろして台にする旧式な店構えの家だったという。市区改正の後、三十二年頃、現在の神保町に移っている」

　今川小路というのは現在の専大《せんだい》通りのことで、関東大震災までは、ここが神田古書街の一つの中心だった。露店や床店が多く、今川小路から出発した古書店も少なくない（一五七頁の地図参照）。

　大雲堂書店は現在、旧東条支店の隣（神田神保町一丁目九番地）にビルを構えている。歴史関係でこの店の世話にならなかった学者は少ない。

一方、このテクストにある大学堂（近田喜太郎）は大正十年（一九二一）頃の神田古書店街配置図（一八〇―一八一頁参照）では大雲堂書店の右隣りにあるのが確認できるが、昭和十四年（一九三九）の地図（二三〇―二三一頁参照）では丸岡広文堂に場所を譲っている。

東条書店という「古本屋の学校」から出た書店の一つに松崎書店があった。『東京古書組合五十年史』では、こう説明されている。

「松崎書店、松崎義治の先代で猿楽町《さるがくちょう》で貸本屋をしていたが、その店は、東条から譲り受けた床店であった」

この松崎書店は、少し前にセドリ名人田中菊雄が奉公していた浅草天王橋際の求古堂・松崎半造とは関係ないらしい。明治・大正・昭和と三代にわたって神田神保町の名店として知られた。『東京古書組合五十年史』の組合員名簿には「松崎書店　松崎栄夫　千代田区神田神保町1－7　法経理工学術書、宗教書、文学書」とあるが現在は存在していない。

このほか、現在も盛業中の店と関係のある記述を同書から拾っておこう。

「翌二十四年には、芳流堂金刺《ほうりゅうどうかなさし》書店金刺源治［源次《げんじ》］が創業し語学書を主として出版を始めた。開新堂書店（現渋谷の加藤正進堂の先代）が表神保町で大規模に出版業を営み、盛んな頃は三省堂と伯仲するくらいだったといわれたが、晩年は振るわなかった。この店から、

神田古本屋分布圖（明治三十六・七年頃）其ノ一

▨印ハ書店
㊫印ハ學校

梅沢文治調

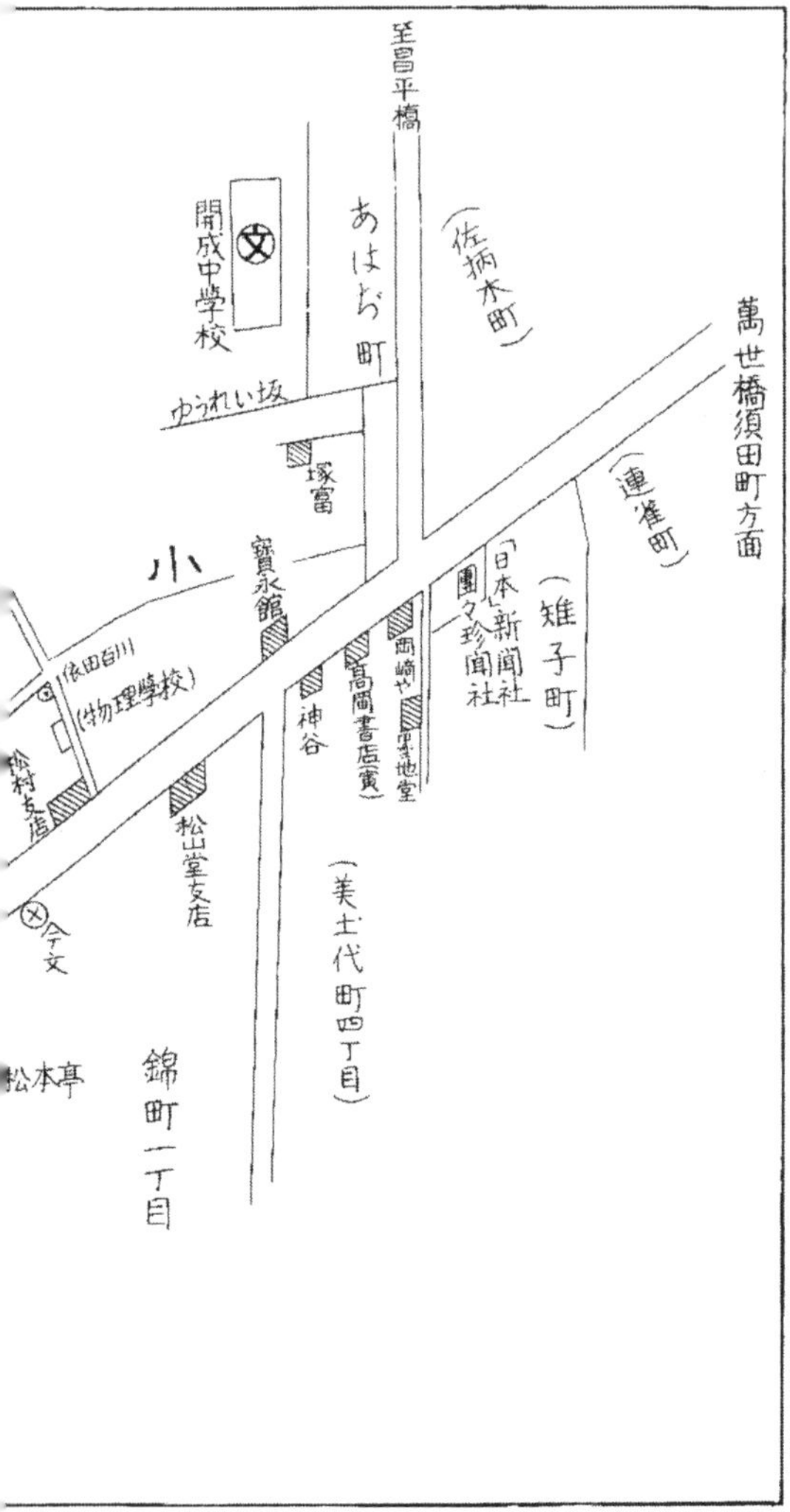

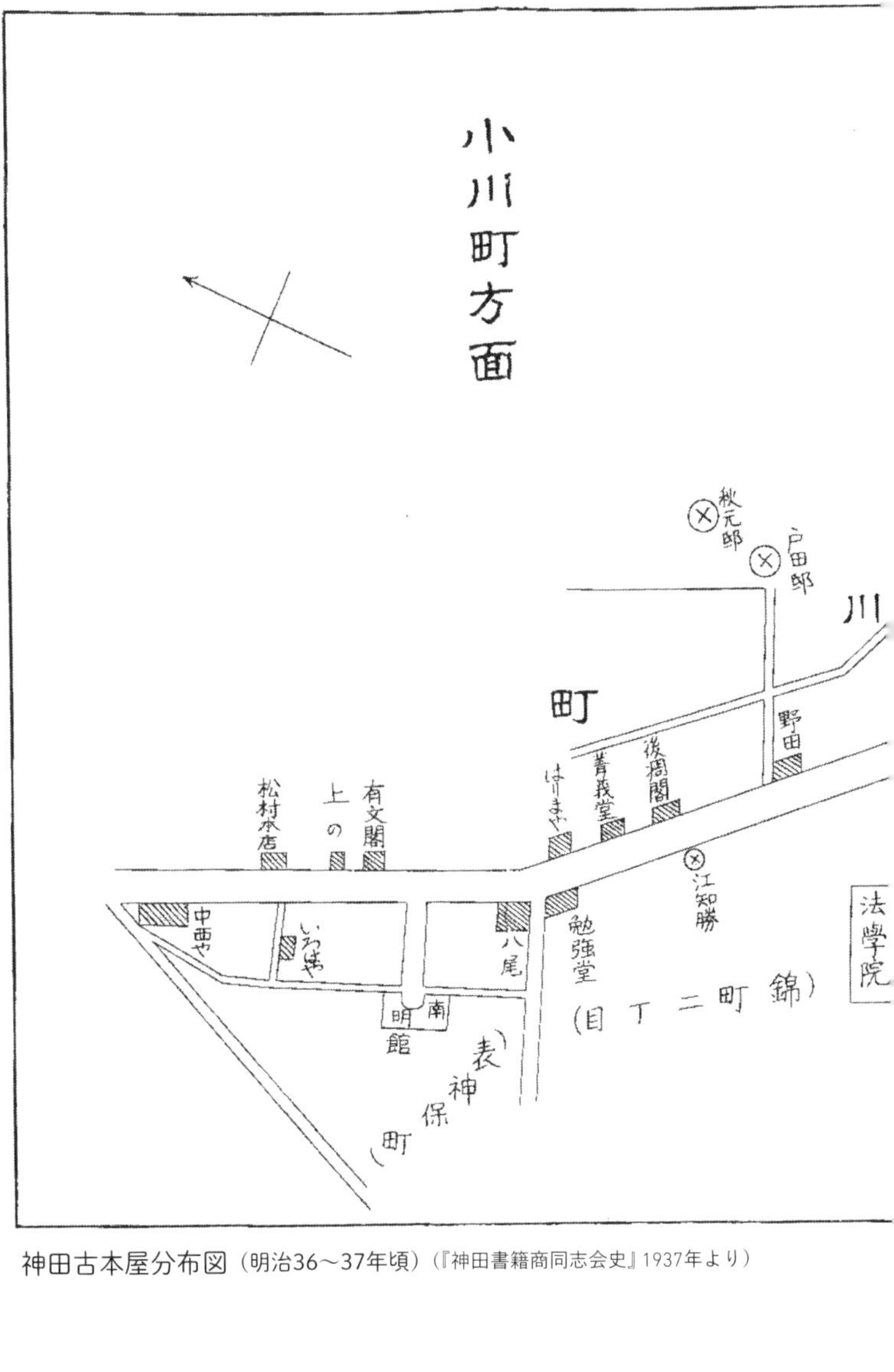

神田古本屋分布図（明治36〜37年頃）（『神田書籍商同志会史』1937年より）

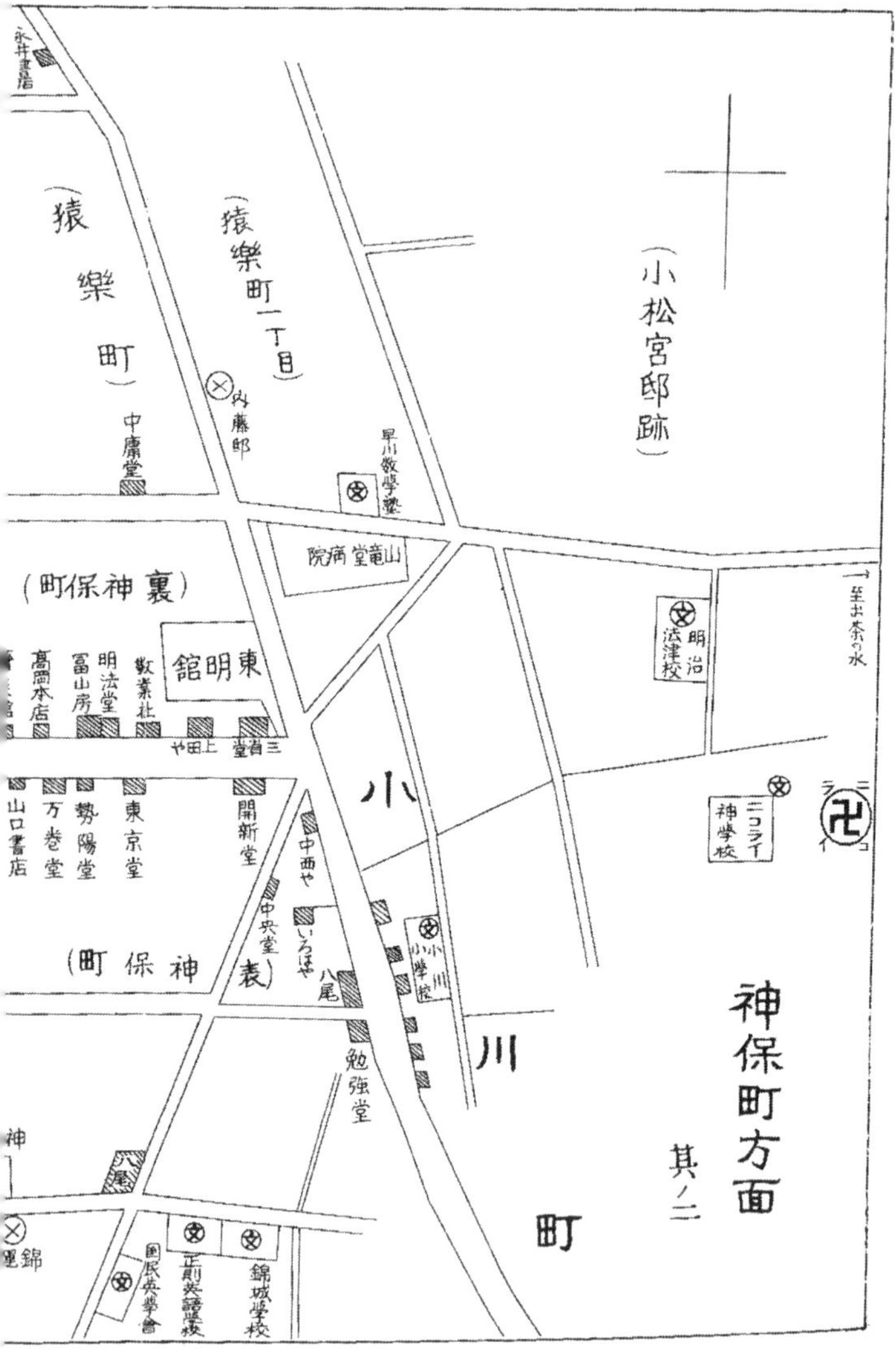

神田古本屋分布図（明治36〜37年頃）（『神田書籍商同志会史』1937年より）

三崎町
国語傳習所
大成学校
朝陽堂
西小川町
(西小川町一丁目)
独乙協會中学
(仲猿樂町)
専修学校
(北神保町)
(今川小路)
今川小路
御嶽教
かたぎや
玄海堂
中野書店
順天中学
芳賀書店
山海堂支店
近田
巽書店
小学校
石垣
稲葉
上山
俎橋
八琴堂
清水
金利
東華堂本店
栗原
全利堂
大屋
大島良
川部書店
高山書店
錦光堂
東京書院
積文堂
有明堂
松陽堂
高木支店
臼井書店
信芳堂
芳賀支店
稲葉支店
坂本
東條支店
中沢
(南神保町)
水村書店
飯島
松江堂
中為
東華堂
東条本店
渡辺書店
明治圖書會社
有斐閣
(一ツ橋通町)
高師附屬小學校
東京高等商業學校
外国語学校
一ツ橋

飯島《いいじま》書店が出ている。はじめは、開新堂支店として有斐閣の前にあった。進省堂鴨志田要蔵は、同店での飯島書店の後輩であった」

芳流堂金刺書店（金刺芳流堂）は現在の神田神保町三丁目の奇数番地側、セブン-イレブンがあるあたりにあった。開新堂書店はすずらん通りで三省堂の真向かいにあり、辞書や語学書出版として互いに競いあっていたのである。

書道関係の老舗・飯島書店は現在も神田神保町2-3で盛業中だが、初代の飯島善吉は語学出版の開新堂書店で奉公していたようである。独立したときから書道専門店だった。出身とは異なる思い切った転換であった。

進省堂鴨志田要蔵も開新堂書店の出身だが、こちらは出身に忠実に洋書・語学書中心の古本屋として、神田神保町2-3に店を開いた。私などは学生時代に何度か通った記憶があり、『東京古書組合五十年史』にも神田支部の組合員として登録されているが、現在は廃業した模様。

セカンド・ウェーブ、芳賀書店と高岡書店

もう一軒、神田神保町進出の第二波に属するのが、初代の東京古書籍商組合長・芳賀《はが》大

三郎（芳賀書店）である。『東京古書組合五十年史』の記述は以下の通り。

「東条と同じ神保町の草分けに、芳賀大三郎がいる。芳賀堂と号して、中年より法門から古本屋になった。元巌松堂《がんしょうどう》の地点で開業したが、早くから雑誌報告書類に着眼して営業にとり入れた先覚者、初代の組合長でもある」

芳賀書店は、明治三十六、七年（一九〇三、一九〇四）頃の「神田古本屋分布図」（一五六―一五七頁）で見ると、本店が今の波多野ビルあたりだから、たしかに「元巌松堂の地点」である。支店は靖国通りの反対側にある。ちなみに、この芳賀書店は、現在のＡＶ専門店の芳賀書店とは無関係のようである。

ついでに、神田古書街にあって数少ない漫画専門店としてコアなファンを集めながら閉店した高岡書店についても触れておこう。高岡書店は明治十年代の末に高岡安太郎が麴町《こうじまち》で開業したが、明治二十四年（一八九一）には表神保町の冨山房の隣に移転している。明治後期に裏神保町が市区改正で靖国通りとなると高岡支店を設けた。その場所は最近まで営業していたビルのあった場所である。

最後に、『東京古書組合五十年史』が取り上げている飯島書店出身の文昌堂・宇佐美清一郎の「古本屋の思ひ出」に描かれた明治二十八年（一八九五）頃の神田古書街の様子を再録して、締めくくりとしよう。

「神田のいまの電車通りは、三、四間の道幅で俎橋《まないたばし》附近が繁昌していて、堅木屋《かたぎや》と八琴堂書店があり、今川小路辺のスズラン通り〔現在の専大通りのことか?〕は賑やかで、金刺書店、中村書店、大久保書店などがあった。一橋通りには、有斐閣が間口の広い店で、隣に有斐閣雑誌店があった。フランス書専門の三才社もあった。筋向いの南神保町側に、飯島書店、山本雑誌店。スズラン通りには、上原光風館、渡辺隆文館、高岡本店、明法堂、進盛堂、敬業社、上田屋、三省堂。片側は、和本の三久、東京堂、六石《ろくせき》書房、開新堂」

これは非常に正確な記憶で、明治三十六、七年頃の「神田古本屋分布図」とほぼ合致している貴重な証言である。記述の中にある大久保書店が現在も神田神保町1-7で盛業中の古生物学・地質学・鉱物学の専門店とつながりがあるのかは不明である。三才社は神田教会のルモアーヌ神父の私財によって創刊されたカトリック雑誌を扱う書店として明治三十二年(一八九九)に錦町《にしきちょう》で創業し、明治末に神田一ツ橋通町十七番地(現在のさくら通り)に移転してフランス系の古書店として再出発した。少し時期的に外れるが、さくら通りにあったことは確かである。上原光風館は新型コロナ禍の最中に閉店が決まったキッチン南海がある一角にあった出版を中心とした古書店。明法堂は梅《うめ》謙次郎の『民法要義』の出版で知られた書店。渡辺隆文館は三省堂の義弟渡辺五一郎の開いた店。六石書房は万巻堂ともいい、店主は六石と号した漢詩の専門家・佐藤寛《ひろし》。伊藤博文の漢詩の先生で、側近の一人となった。上田屋は東京堂よりも前からあった取次の店。

新興古書街・本郷の雄、井上書店

さて、明治二十年代後半から三十年代前半の時代について、神田神保町に第二波として開業・移転してきた店を中心に概観してきたが、東京ではもう一つ、東京大学の本郷移転に伴って、古書店や古本屋がいくつか大学周辺に誕生したことに注目しなければならない。京都文求堂の支店（田中治兵衛、本郷櫻木《さくらぎ》天神）、吉川玉次郎、大島屋伝右衛門（区役所前）、田中賢之助（大学正門）、小西大輔（大横町）、楠林安三郎《くすばやしやすさぶろう》（楠林南陽堂《なんようどう》、元町）であるが、本郷で一軒挙げるとしたら、それは井上書店ということになる。

現在は本郷通り（文京区本郷6－2－8）に動植物学、農林水畜産学、和漢古典籍の専門店として店舗を構える井上書店だが、その創業者は大蔵省の役人・井上菊三郎である。ただし、大蔵省の役人といっても、元は刀剣の柄巻《つかまき》を業としていた職人であり、高等官ではない。維新後、大蔵省の帳簿方に製本係として勤務していたとき、お茶の水の露店をひやかすうちに古書の魅力にはまって本郷赤門通りに店を出したのである。

しかし、井上書店が古書業界の一方の雄となったのは、ひとえに二代目の井上喜多郎の

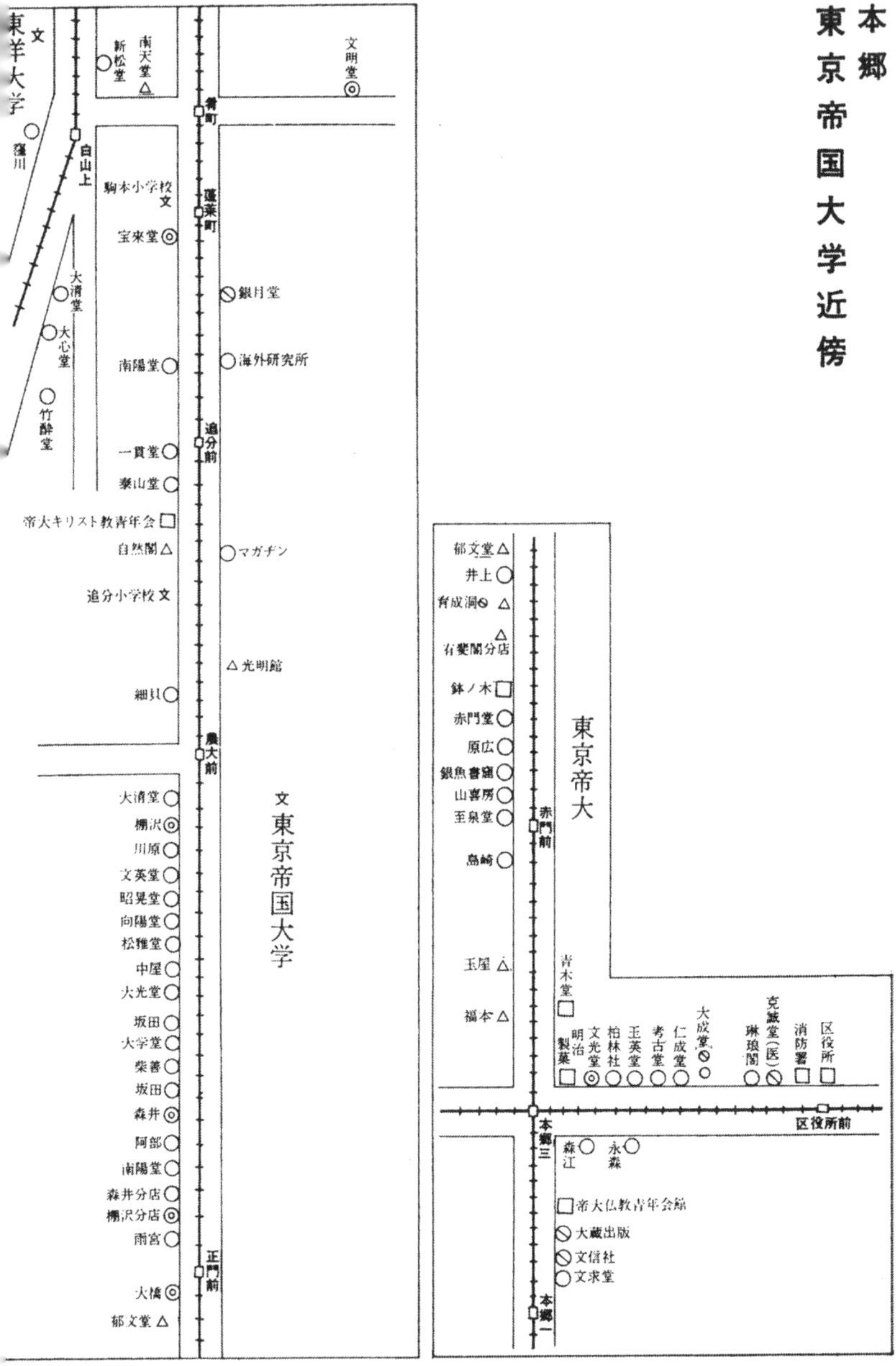

本郷古本屋分布図（昭和14年）（『東京古書組合五十年史』より）

努力と勤勉による。反町茂雄は井上喜多郎へのインタビュー「著名な入札会その他」（『紙魚の昔がたり　明治大正篇』所収）の紹介文で「古典籍を主とし、古書を兼ねる。穏健な性格、勤勉で記憶力の強いお人。業者としては稀に見る勉強家で、書誌にも通じ、毎晩『国書解《かい》題《だい》』を枕元に置いて寝るという伝説がありました。和・漢・洋の古書に通じ、東京古典会・一般書市会の重鎮であり、洋書会へも欠かさず出席しました」と留保なしで絶賛し、「私は一誠堂の小僧時代から、この人には、古い書物について何かと教えてもらいましたが、独立開業後も、折にふれ好意を示して下さった、ありがたい先輩でした」と感謝を捧げている。

この反町の言葉からは、井上喜多郎は古書業界にしては大インテリだったように想像してしまうが、実際には小学校高等科中退の学歴で、しかも本についてはすべて独習した苦労人だった。その簡単な自伝「創業を語る」（『紙魚の昔がたり　明治大正篇』所収）には、本郷小学校高等科にいた九歳の頃から夜店を出し、世田谷のボロ市が開かれる日には、大八車を引き、五、六時間もかけて本郷から世田谷まで通った体験がリアルに語られている。古書について学んだのは市会で十七のときから振りをやったのがきっかけだったようである。この市会についての回想は資料としても貴重なので引用しておこう。

「私が始めて市場をやったのは神田の今の図書倶楽部（現在の古書会館）の処で、山竜堂病院のそばの碁会所の二階でした。三橋《みつはし》［明治堂書店店主・三橋猛雄《たけお》］君などと一しょに始めたわけです。（中略）その頃はちょうど日露戦争当時で、市場の数も余りありませんでした。薬研掘《やげんぼり》に車屋《くるまや》の市があり、そのほかに四谷の大泉亭……いまの四谷見附際三河屋のあたり……芝の玉翁亭、浅草蔵前の植木《うえき》や、神田三崎町《みさきちょう》の吉田屋……当時の東京座、いまの神田劇場の真裏……万世橋《まんせいばし》際神田仲町《なかちょう》の青柳亭にあった位です。神田の市場は昔から堅い本が主でした。碁会所の二階でやった市は四の日と九の日なので、四九の市といっていましたが、その内松本亭で深良（深沢良太郎）さんが二七の市を始め、それと交渉の結果一しょに取り纏めて聯合《れんごう》市というものになり、それから今の倶楽部《くらぶ》市《いち》となったわけです」

なるほど、東京の市会というのはこのような変遷を経てできあがったわけである。そして、そのすべてに井上が関与していたのだから、東京の古書店は、こと仕入れに関しては井上に深く感謝すべきなのである。

第六章

靖国通り開通と神保町第三の波

明治三十年頃から大正二年の大火まで

靖国通りの開通と神田古書街サード・ウェーブ

『東京古書組合五十年史』は、明治三十年代の概観をこう始めている。

「この三十年代は古書業界にとって華々しい開花期であった。

古書籍店の一応の専門化が行なわれ、江戸名残りの和本屋も、その多くが脱落して姿を消し、新興の書店が独立していく新旧大交替の時期であった。また洋本界では、露店や床店、貸本屋で頑張り抜いた強者が、それぞれ独立して店主となった年代でもあった」

私は、ここで取り上げられている、この時期に神田神保町に一斉に出店した「露店や床店、貸本屋で頑張り抜いた強者」たちを古書業界の第三波（サード・ウェーブ）と名付けたいと思う。このサード・ウェーブの中から、神田神保町古書店街の中核を担う店が出現して、今日に至るのである。

この第三波到来のきっかけとなったのは、明治二十一年（一八八八）制定の東京市区改正条例に基づいて東京を東西に横切る改正道路（後の靖国通り）の工事が明治三十六年（一九〇三）にほぼ完成したことである。

靖国通りでは招魂社《しょうこん》（靖国神社）への東からのアクセスを確保するために拡張工事が続

けられていたが、これは幅員三、四間を十二間に広げるという大工事で、道路の北側と南側がともに削り取られ、いくつかのランドマーク的な建物が道路に呑み込まれて姿を消した。工事は最初、俎橋から現在の専大通りまでの第一ブロック（現在の神田神保町三丁目）、ついで白山《はくさん》通りまでの第二ブロック（現在の神田神保町二丁目。北側は当時の名称で北神保町および中猿楽町《なかさるがくちょう》、南側は南神保町）、そして明大《めいだい》通りまでの第三ブロック（現在の神田神保町一丁目。北側は当時の名称で〔表〕猿楽町、南側は大正十一年（一九二二）まで裏神保町、以後、昭和九年まで通《とおり》神保町）（一八二―一八三頁の地図参照）、というような西から東に向かって拡張工事が進められていき明治三十六年に須田町までの第四ブロックが最後に完成したのだが、この靖国通りの順次完成はそれ自体、古書店街の成立に影響を及ぼすことになったのである。

靖国通り開通経過を示す古地図

たとえば、先ほど言及した明治三十六、七年頃の古本屋分布図（一五六―一五七頁）を見ると、靖国通りの神田神保町二丁目のブロックの南側には古書店がびっしりと立ち並んでいるが、神田神保町一丁目のブロックにはほとんど古書店がない。北側には何軒かあるが南側は皆無である。

これは、第三ブロックの拡張工事が完成していなかったことを意味している。とくに南側は道路を大幅に削ることが予定されており建築は禁止になっていたのだ。

ところで、この明治三十六、七年頃の古書店地図は、昭和十一年頃に『神田書籍商同志会史』の編纂《へんさん》のために集った人々の記憶をもとに復元された地図なので多少不正確なところがある。論理的に考えると、およそ次のように地図を修正すべきだと思われる。すなわち、専大通りから白山通りまでの神田神保町二丁目のブロックの靖国通りは幅広に、白山通りから明大通りまでの神田神保町一丁目のブロックは幅狭に描き直さなければならない。なぜなら、前者のブロックは幅員拡張済みであり、後者のブロックは拡張は始まっていないからだ。

では後者のブロックはどこからどこまでが削り取られたのかといえば、それは神田神保町交差点の少し南にある東条本店（後に支店）のところまでである。後の地図から推測するに、靖国通り南側は東条本店が交差点の角になるくらいの幅で削り取られたに違いない。

靖国通りを市街電車が走る

古書店分布図の大変動をもたらしたもう一つの要因は、十二間まで拡張された靖国通りの中央部分を、明治三十二年（一八九九）に三つの会社が合併してできた東京市街鉄道（通称・街鉄《がいてつ》）が走るようになったことである。東京市街鉄道の始発・終点は須田町にあり、ここから小川町駅、駿河台下駅、裏（南）神保町駅、俎橋駅へと西に靖国通りを進んでいったのである。この東京市街鉄道の工事は明治三十四年（一九〇一）に着工され、同三十六年から運行が開始された。

これとは別に、東京電気鉄道外濠線《そとぼり》（通称・外濠）が明治三十四年に着工（明治三十七年開通）されたが、これは現在の明治大学リバティタワーがある場所に車庫があり、始発のお茶の水駅から出発して、明大通りを下って駿河台下の交差点を越えたところにある小川町駅で最初に停まり、以後、外濠に沿って進むという路線で運行していた。

今日的な考えでは、二つの市街電車の路線が交錯するのだから、乗換駅のある駿河台下交差点が人口集中のスポットとして注目を集めたと想像するだろう。

ところが、どうもそうではなかったらしい。市街電車が走る電車道というものが果たして集客によいのかどうか、当時の人には見分けがつかなかったのだ。第二ブロックの拡張工事のときには、そこが電車道になるとは予想しなかったので、道の両側の商業施設にはすぐにテナントが入った。そして、いったん入ったテナントは電車が通るようになってこれは困ったと思っても出ていくことはなかった。しかし、道路の拡張と市街鉄道の敷設が

神田小川町通りの図
（『風俗画報』195号、明治32年より）

大正期の神田小川町通り（現・靖国通り）
（絵葉書「帝都名所　神田区神保町通り」より）

同時だった第三ブロックの場合、そうはいかなかったのである。そのため、明治末年まで第三ブロックへの古書店の進出は少なかったのである。

大正二年の大火

だが、長かった明治が終わって大正になると、神田周辺に予想外の出来事が起こり、それをきっかけにして古書店の集団移動が始まるのである。

大正二年（一九一三）二月二十日に三崎町から広まった大火である。地元の人々の言い伝えでは、三崎町から起こる火事は大火事になるということだったが、まさにその通りになってしまったのである。大火は明治二十五年（一八九二）にも起こり、

大正2年神田大火の惨状（東京都立中央図書館蔵）

このときの火元も猿楽町だったが、大正二年の大火はこれをはるかに上回る規模で、紅蓮《ぐれん》の炎は中猿楽町と表猿楽町を焼き尽くすと、靖国通りを越えて裏神保町と表神保町にまで広がり、すずらん通りの両側に並んでいた古書店もほぼ全焼した。業火《ごうか》を免れたのは北神保町と南神保町の一部だけだった。大火以前には、猿楽町や中猿楽町にも古書店は少なくなかったが、これはほとんど焼けた。

その結果、書店分布の変動が起きるが、これについては後に詳しく考察する。

和本屋と洋装本屋の完全交替

変わったのは書店の分布だけではなかった。業態もまた変化し、和本屋と洋装本屋が完全に交替した。つまり、神田においても依然として主流を占めていた和本屋の多くが全焼して閉店を余儀なくされたのに対して、洋装本屋はすぐに営業を再開できたのである。和本が製作されなくなってからすでに二十年以上経過し、ストックが枯渇し始めていたのに対して、洋装本はストックが神田神保町以外にいくらでもあり、在庫を容易に回復できたからである。

大火をきっかけに洋装本の古本屋が発展した原因はもう一つあった。それは神田神保町に蒐集していた大学・専門学校・各種学校なども多くが全焼し、再建に当たって図書館の蔵書を急いで揃えるため古本屋に注文が殺到したことである。洋装本の潜在的ストックは東京・関東一円にまで探索エリアを広げれば無尽蔵にあったので大いに有卦に入ったのだ。

焼け出された古書店の多くは保険に入っていなかったこともあり、廃業を余儀なくされたが、逆に、明治二十五年の大火を教訓にしてしっかりとした火災保険に入っていた店はこの大火をきっかけに、保険金を元手にして、あるいは独特の才知を働かせて大きく飛躍することになる。今日でも盛業を続ける高山書店などはその一つである。

サード・ウェーブ1　高山書店

高山書店の創業者・高山清太郎は明治十年代に福岡県・久留米に生まれ、家庭の事情から印刷工として働くうちに古本と出会う。高等師範学校の寮生たちに頼まれて東条書店に古本を売りに出かけたとき、意外に高く売れたのに味をしめ、いっそ古本屋になったほうがいいのではと思ったのである。紆余曲折の末、明治の末年に北神保町に店を構えたところ、その直後に大正二年（一九一三）の大火に見舞われる。幸いにも火は寸前のところで止まり類焼は免れた。

ここで高山は考えた。手元に二百五十円ばかりの金があったので、これを火事見舞いとして焼け出された本屋に配り、新米古本屋として顔をつないでおこうと思ったのである。火事見舞いを配っている殊勝な姿が目にとまったのか、ありがたい話をもらった。類焼を免れた南神保町の北側（現在靖国通りが走る神田神保町二丁目ブロックの南側）、すなわち、売り出し中の古書店ばかりが立ち並ぶ花形の一角に出店しないかという話がきたのである。

ところが、高山にはまったく金がない。そこで、常人では及ばぬとんでもないアイディアを思いついた。造作（内装工事）に通常の三倍もの費用をかけることにしたのである。当時、賃貸契約には原状回復という条件はなく、居抜きが普通だったから、家賃は場所よりも造作で決まった。そのため、あまりに立派な造作だと家賃が高くなり借り手がつかないことを見越して高山はブラフをかませたのである。大家は呆れるどころか意気に感じて出世払いを認めてくれた。

こうして好スタートを切った高山が目をつけたのは教科書の献本だった。

『東京古書組合五十年史』付録の「神田古書店街配置図　大正十年頃」（一八〇頁参照）を見ると、意外なことに錦城《きんじょう》中学校、正則英語学校、国民英学会が並ぶ錦町の通りにこれらの学校と対面するように古本屋が七軒並んでいる。また駿河台下交差点からこの通りまで降りてくる通り（今日の千代田通り）にもたくさん古本屋が並んでいる。

じつは、これ、こうした学校の教科書、および前年度の古本を売る店だった。高山は客の出入りを観察しているうちに、教科書の古本売買がうまみのある商売であることを知り、さっそく、正則英語学校の前に店を出し、以後、この方面を組織的に開拓することにした。献本用の教科書を教師から買い取るというチラシを作って新聞のオリコミに挟んだのである。これが大当たりした。しかし、あまりに儲かったので追随する古本屋がすぐに現れ、利幅が薄くなってしまった。そこで、次には地方回りをして買いあさり、大いに儲けた。

反町茂雄は高山清太郎を囲む座談会「神田神保町古本屋街に生きて」(『紙魚の昔がたり　明治大正篇』所収)の「批評」で、高山を評して「小面倒な絶版本や古典籍には見向きもしない様な性格。しかし商売には熱心で、利殖の香りには敏感。(中略)しかし悪る気はない、小さなズルさもない。やり方は豪放で明るいお人です」とし、「いろいろな意味で『時代の子』でした」と結んでいる。後に司馬遼太郎の資料集めを一手に引き受けることになる神田神保町の名店・高山書店の基礎はこうして築かれたのである。

サード・ウェーブ2　一誠堂

ところで、大正二年(一九一三)の大火を契機にした大移動では、南神保町に移転した高山書店は例外に属し、多くの野心的な若者は、むしろ、靖国通りの第三ブロックが古本屋未開地であることに目をつけ、出店に向けて動き出した。電車通りだからダメという偏見は若い人にはなかったのである。

そんな一人が明治二十年（一八八七）に越後長岡に生まれた酒井宇吉《さかいうきち》である。酒井宇吉は、長岡の出世頭である大橋佐平・新太郎親子が作った取次の東京堂で働く兄・福次を頼って上京し、丁稚として働き始めるが、明治三十六年（一九〇三）に至って退社し、長岡で酒井書店を開く。だが、東京で一旗揚げたいという野心癒しがたく、明治三十九年（一九〇六）に再上京、神田猿楽町に新本と雑誌を扱う店を開くが、うまくいかず古本屋に切り替えを図る。この切り替えが成功し、店はようやく軌道に乗る。

古本屋商売がうまくいったのは、弟・助治が上京して兄弟三人で力を合わせ、堅忍不抜の心意気で働いたということもあるが、時代の流れも与って力があった。

それは、日清戦争以後、急増していた清（中国）からの留学生が少しでも安い本を求めて、寄宿舎や日本語学校の近くにあった神保町の古書店街に押し寄せたことである。『東京古書組合五十年史』はこの中国人留学生ブームに沸く神田神保町をこう描写している。

「それら学生はほとんど神田周辺に居住していたから、必然的に神田の古書店は、大繁昌をきたしたのである。

政治、法律、財政経済、鉄道、郵逓《ゆうてい》、交通、産業に関する書物は、そうした題名さえ付けば、旧版、ツブシ同然の本まで飛ぶように売れ、講義録を仕立て製本したものまで売り切れるという、留学生ブームが起こったのである」

酒井兄弟の店はまさにこの絶好のタイミングで開店し、強い追い風を受けた新規参入店の一つだったが、しかし、酒井兄弟は考えた。ブームはいつかは終わる。また、兄弟それ

神田一誠堂の店頭（大正2年）
（『東京古書組合五十年史』より）

ぞれが理想と考える古書店の形態にも隔たりがあるようだ。ならば、蓄えがあるうちに資産を等分し、それぞれ別の道に進んだほうがよくないか？　一誠堂の社史『古書肆100年　一誠堂書店』の年譜にはこう記されている。

「酒井宇吉は一人立ちし、神保町に古書店を開業。その後、福次は芳文堂、助治は十字屋《じゅうじや》、と他の兄弟もそれぞれ書店を開く」

このほか、酒井宇吉の次男・酒井正敏が「書泉」を興しているから、一時は神田神保町における酒井一族の占有率はきわめて高かったのである。

こうして酒井兄弟たちは幸先よいスタートを切ったが、そこに大正二年大火である。酒井宇吉の店は猿楽町にあったから全焼し、四千八百円の損害に加えて借金八百円が残された。だが、どうやら酒井はこうした逆境に置かれると奮い立つ人間らしく、本郷の中華料理店の一角を借りて商売を再開し、五月二十八日には裏神保町に新店舗を開いて「一誠堂」の看板を掲げた。今の一誠堂の敷地である。資金は火災保険を元にしたのか、それとも郷里の長岡人脈から出たのか、それはよくわからないが、とにかく大火を奇貨《きか》として発展したことは確かである。

靖国通り南側への大移動

「一誠堂」の一例でも明らかなように、大正二年（一九一三）の大火は、神田神保町の古書店地図を塗り替えたのである。『東京古書組合五十年史』はこう語っている。

「この大火は、神田書店街に、新しい現象をもたらした。それは店舗の大移動である。大火前までは、神保町角より西、すなわち、南神保町〔現在の神田神保町二丁目の南側〕が繁栄の中心で、通神保町〔旧裏神保町、現在の神田神保町一丁目の南側〕ではまだ権利金のいらない頃に、すでに〔南神保町では〕百八十円くらいの権利金が必要だったといわれたのが、俄然一変したのである。（中略）

そして他の営業者の退去した〔現在の神田神保町一丁目の南側の〕跡に、九段寄りの古書店が東へ東へと移動し、松村書店が四間間口の店を出し、一誠堂が開店するなど、書店の中心が、現在の神保町一丁目に集中してしまったのである」

この大正大移動の様子をよく示すのが『東京古書組合五十年史』の付録「神田古書店街配置図　大正十年頃」である。そこには、現在のように、明大通りの駿河台下交差点から専大通りにかけて、靖国通りの南側ばかりに古書店がずらりと軒を連ねるという、お馴染

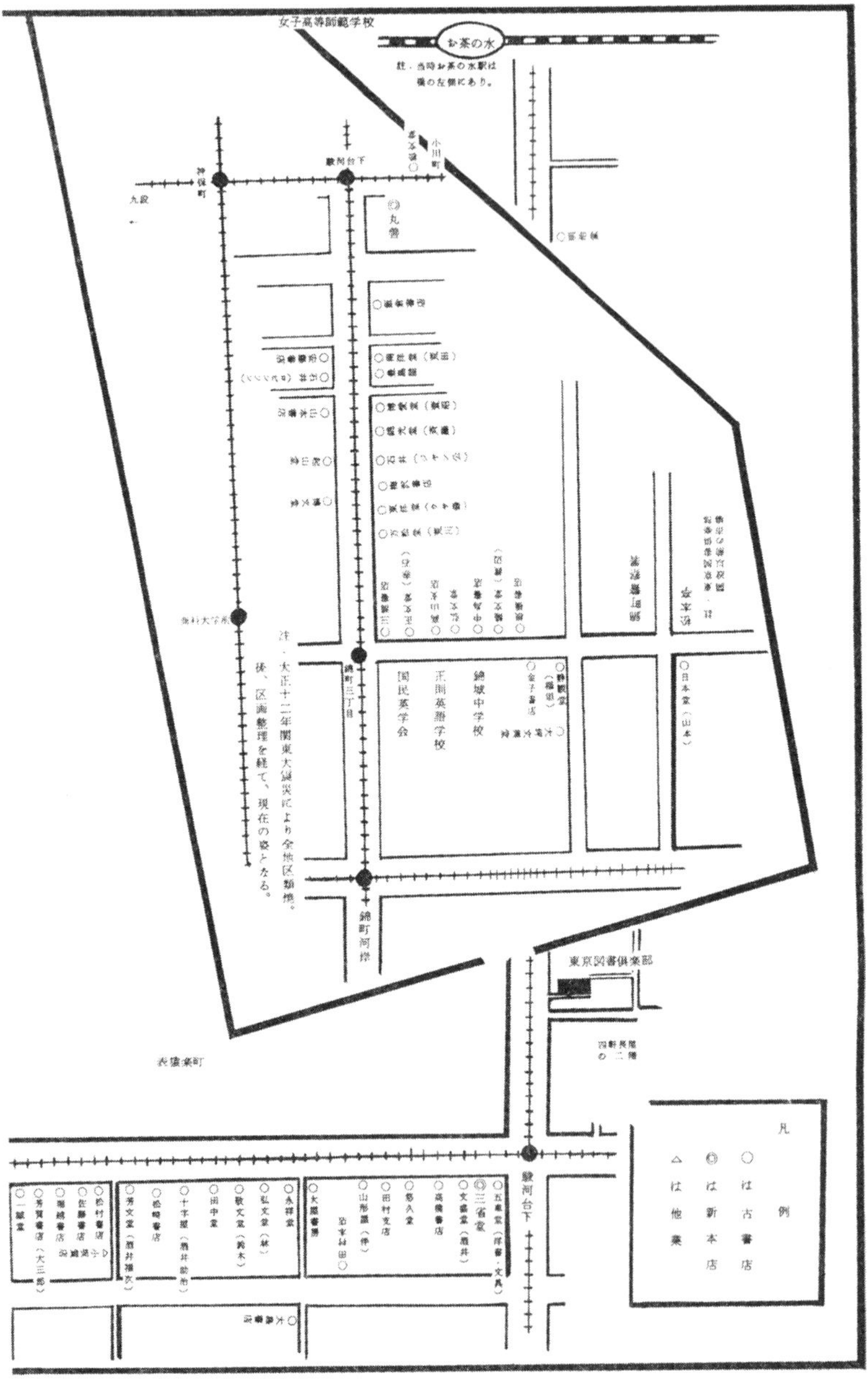

神田古書店街配置図（大正10年頃）（『東京古書組合五十年史』より）

神田古書店街配置図

大正十年頃

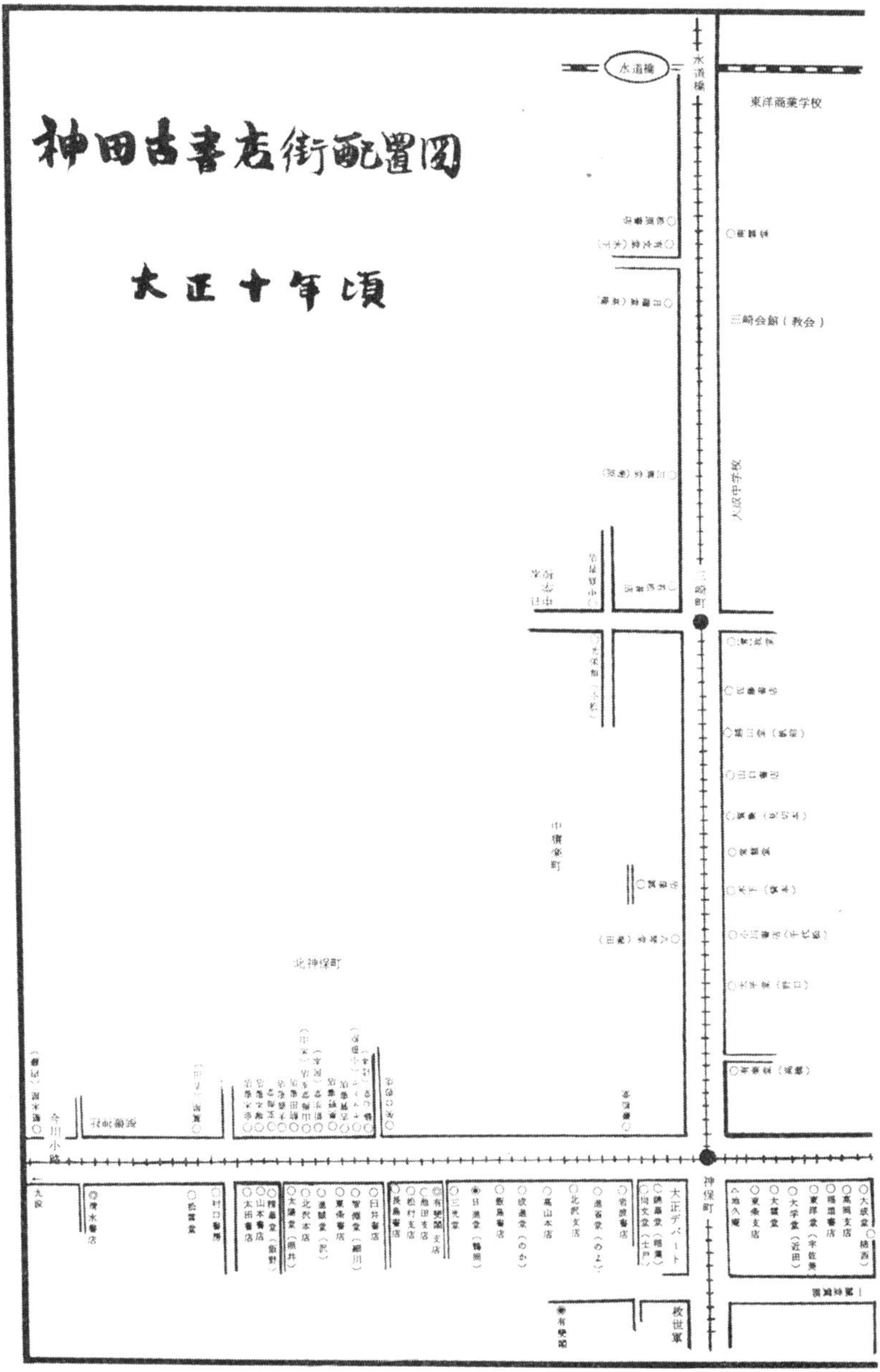

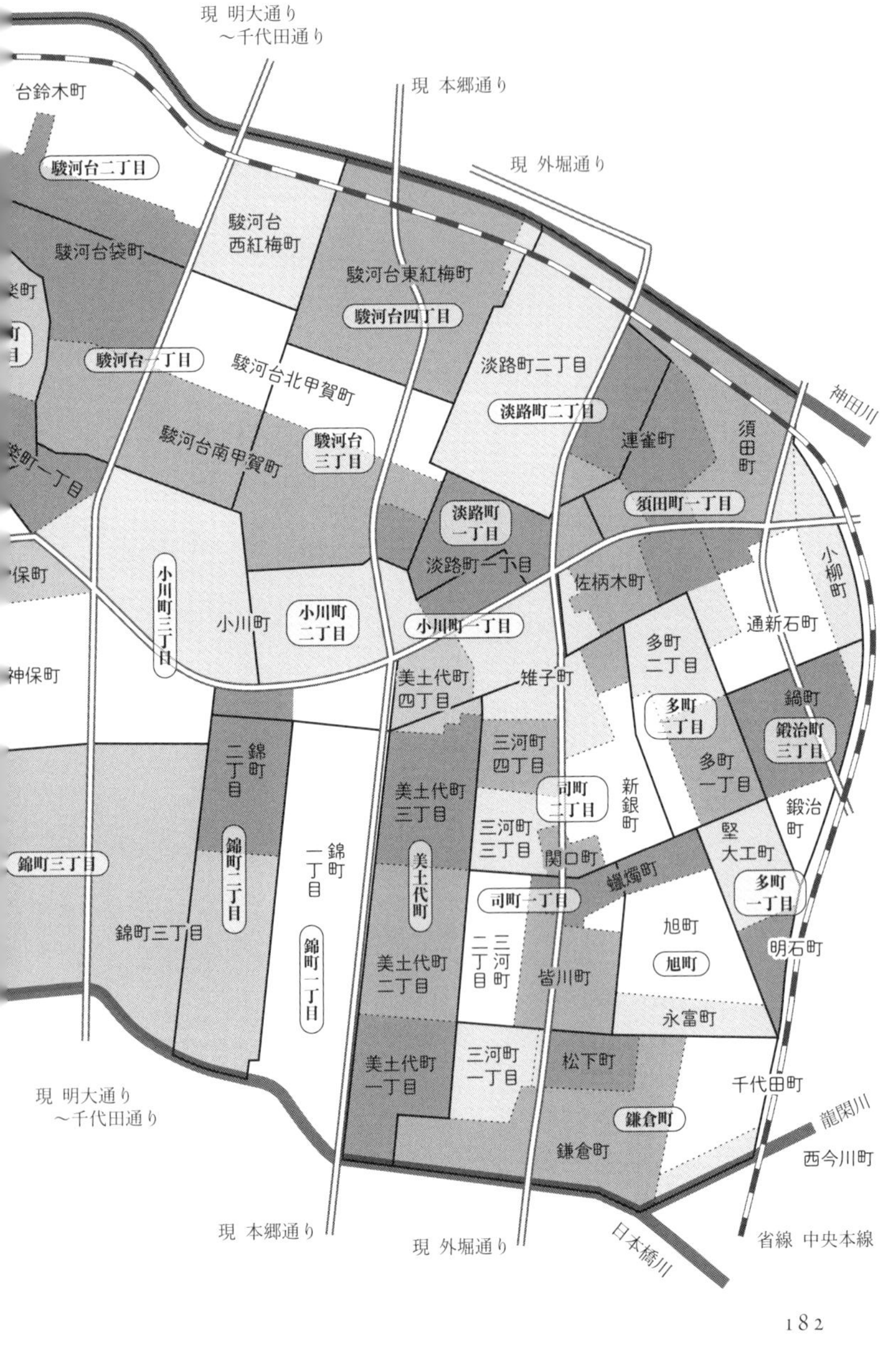
現 明大通り
～千代田通り
現 本郷通り
現 外堀通り
台鈴木町
駿河台二丁目
駿河台
西紅梅町
駿河台袋町
駿河台東紅梅町
駿河台四丁目
駿河台一丁目
駿河台北甲賀町
淡路町二丁目
淡路町二丁目
神田川
駿河台南甲賀町
駿河台
三丁目
連雀町
須
田
町
須田町一丁目
淡路町
一丁目
淡路町一丁目
佐柄木町
小
柳
町
保町
小
川
町
三
丁
目
小川町
小川町
二丁目
小川町一丁目
通新石町
多町
二丁目
神保町
美土代町
四丁目
雉子町
鍋町
多町
二丁目
鍛冶町
三丁目
二
丁
目
錦
町
三河町
四丁目
多町
一丁目
司町
二丁目
新
銀
町
美土代町
三丁目
鍛
冶
町
三河町
三丁目
堅
大工町
錦町三丁目
錦
町
二
丁
目
錦
町
一
丁
目
美
土
代
町
関口町
蠟燭町
多町
一丁目
司町一丁目
錦町三丁目
旭町
旭町
錦
町
一
丁
目
美土代町
二丁目
二
丁
目
三
河
町
皆川町
明石町
永富町
美土代町
一丁目
三河町
一丁目
松下町
千代田町
現 明大通り
～千代田通り
鎌倉町
龍閑川
鎌倉町
西今川町
日本橋川
現 本郷通り
現 外堀通り
省線 中央本線

昭和初年の町区域の新設と変更の対照図（概図。東京市神田区。部分）（鹿島茂著『神田神保町書肆街考』より）

みの光景が観察される。第三ブロック（神田神保町一丁目）の南側には古本屋が一軒もなかった明治三十六、七年頃の古本屋分布図と比較するとその対比は鮮やかである。第二ブロック（神田神保町二丁目）も第二ブロックも、靖国通りの南側にだけ延々と続く古本屋街ができあがったのだ。

では、いったいなぜに南側ばかり古書店がかたまったのだろうか？

これに対する答えは、関係者の答えを総合すると次のようになる。

すなわち、靖国通りの拡張工事が行われたとき、すでに述べたように第二ブロックが最初に完成して、区画の売り出し・賃貸が始まった。まだ東京市街鉄道の電車が走ってはいなかったのでテナントは順調に埋まったが、このとき、古書店の多くは書物の敵である太陽光を避けられるという理由から北向きの南側を選んだ。こうしてまず、明治三十年代前半に第二ブロックの現・神田神保町二丁目の南側に古書店街が形成されたのである。従来の古書店街今川小路の続きということで南向きの北側にも古書店は散在したが、これは大正二年の大火で全焼してしまう。

一方、明治三十六年（一九〇三）に靖国通りの神田神保町一丁目側（第三ブロック）の拡張工事が完成したときには、ほぼ同時的に東京市街鉄道の線路が敷かれ、電車が走るようになったが、これがじつは、地価を下げる原因になった。すなわち、電車道で商売が成り立つのかという疑問が商人の間で起こったのである。そのため、拡張工事が終了しても、店舗の出店はしばらくの間ははかばかしくなかった。したがって、『東京古書組合五十年史』が指摘しているように、神田神保町一丁目では権利金なしでも店舗の借り手は現れなかったのである。

そんなときに起こったのが大正二年の大火である。これを勝機と捉えて攻めの商売を展開しようとする一誠堂のような洋装本の新興店にとって、神田神保町一丁目の南側は電車道で家賃が安いうえに、北向きという、まさに願ったりかなったりの条件だった。

では、靖国通りの神田神保町一丁目南側にこれを機に出店した古本屋は他にどのような店があったのだろうか？

靖国通り南側に誕生したサード・ウェーブ書店群

まず、靖国通りの拡張で交差点南東の角になった東条書店（支店）からスピンアウトした大雲堂がその右隣に位置している。続いて、大学堂（近田喜太郎）、東洋堂（宇佐美精一郎）と、その後に消えた書店が来て、稲垣書店がこれに続くが、この稲垣近義が創業した稲垣書店は現在、三河島《みかわしま》（東京都荒川区）にある映画文献資料専門店の稲垣書店と関係はあるのだろうか？（関係ないという話である。ちなみに稲垣書店跡に建ったSHONENGAHO－2ビルの一、二階に、現在、私のプロデュースしたPassage SOLIDAが入っている）

その右隣は高岡支店だが、これは最近廃業するまで同じ場所にあった。街区の最後は大成堂（柿西）とあるが、ここは今は自然科学系書の明倫館《めいりんかん》になっている。

第二街区の角は今も同じ一誠堂。その隣は初代東京古書組合長の芳賀大三郎の芳賀書店だが、やがてここには松村書店が入る。続いて堀越書店（消滅）、今も盛業中の佐藤書店と来て、東角には松村書店。

第三街区は芳文堂（酒井福次）と十字屋（酒井助治）という酒井一族の店の間に前述の松崎書店がある。その続きは田中堂、敬文堂（鈴木）、弘文堂（林）、永祥堂と今はない店が続く（ただし、弘文堂は『東京古書組合五十年史』の組合員名簿には記載）。ここは一番移り変わりが激しかった街区のようだ。

第四街区は西角に大屋書房がある。大屋書房は今は三省堂の隣に位置している。一丁目移転前は同じ靖国通り沿いながら、現在の神田神保町二丁目のみずほ銀行近くにあった。大屋書房は、サード・ウェーブというよりも、セドリから身を起こした第二波の世代に属する。『東京古書組合五十年史』にはこう書かれている。「大屋書房の纐纈房太郎は、明治七年から日本橋の大和屋江藤嘉兵衛に奉公していたが、主家が閉店したので、明治十五年に馬道の叔父の家に奇偶［寄寓］して独立し、せどりをしていた。明治十八年、古物商取締条例の発布後に、古本商仲買同盟を作り、官許をうるために役所に書類を提出した結合人の一人となっている」

大屋書房の右隣は山形屋（伴）とあるが、これは消滅。その次は田村支店とある。大正九年（一九二〇）に東京古書籍商組合が結成されたときに副組合長をつとめた田村徳義の店だろう。田村徳義は明治四十三年（一九一〇）に開かれた神田書籍商同志会創立集会に参加しているから、裏神保町の店として田村書店は最も古い店の一つと言えるだろう。現在の田村書店は第二街区にあるが、戦前はこの第四街区にあったようである。田村支店の続きは、悠久堂《ゆうきゆうどう》。諏訪久作が大正四年（一九一五）に創業した悠久堂は現在は第三街区の有力店だが、最初はここにあったのである。その次は高橋書店（消滅）、文盛堂（酒井）と続き、ラストは三省堂。角が五車堂（洋書・文具）となる。

サード・ウェーブ3　松村書店

この中からは、サード・ウェーブの代表として松村書店を挙げよう。松村書店の初代・松村音松は、最初の洋装本のセドリとなった南陽堂・深沢良太郎の仲間で、同じく洋装本のセドリから出発した。深沢良太郎は「明治大正期のセドリについて　その二、洋本屋の巻」（『紙魚の昔がたり　明治大正篇』所収）で村松をこう評している。

「このセドリというものは、（中略）当時は宵越《よいごし》の銭は持たぬという風であった。（中略）その時代でセドリをやって偉かったのは松村君で、松村君あたりが足を洗って店を持った。それから芳賀君が足を洗った」

松村音松は、最初、すずらん通りで床店で開業したようだが、大正二年（一九一三）の大火を機に反対側の靖国通りの南側に進出した。場所は現在、小宮山書店のある場所だった。その後、松村書店は一誠堂の隣（二十年ほど前まで松村書店があった場所）に移転したが、二代目の松村龍一の代に洋書店に転じ、戦後の昭和二十年代には大繁盛した。

『紙魚の昔がたり　昭和篇』の巻頭座談会「昭和六十年間の古書業界」で松村書店はこう語られている。

「八木（壮）　洋書界の大手、松村書店の松村龍一さんの全盛時代ですね。

反町　そう、最も目立ったのは、松村さんと、進省堂の鴨志田三郎さんですかね。私なども、松村さんは、その内に日本一の古本屋になるのかもしれないなど、本気で想像したくらいでした」

松村書店のビルはこの時期の蓄財によって建ったのだろうが、その松村ビルも今は解体されて駐車場になっている。今昔《こんじゃく》の感に堪えない。

サード・ウェーブ4　岩波書店

さて、以上、明治三十年代後半から大正初年まで、私がサード・ウェーブと名付けた新しいタイプの参入者について語ってきたが、最後に、古本屋としてのキャリアは短く、すぐに出版社に転じはしたが、紛れもなくサード・ウェーブに属する個性ある古本屋について語っておこう。岩波書店である。

大正二年（一九一三）八月五日、大火の焼け跡がまだ生々しく残る南神保町十六番地に、古本とはまったく無縁だった一人の青年が古本屋を開業した。名前を岩波茂雄という。近くの神田高等女学校で教頭をしていたが、熱血先生すぎたのが祟って経営者と衝突し、七月二十九日に辞職すると、その足で古本の市場に出かけて大八車いっぱいに古本を仕入れ、八月五日に開業にこぎつけたのである。神田高等女学校に出入りしていた伊東三郎という同県人が南神保町の尚文堂の手代で、尚文堂の隣の新築店舗が空いていると教えられたことが彼に転職を決意させたのである。

では、岩波茂雄とはそもそもどのような出自の人物だったのだろうか？

岩波茂雄は明治十四年（一八八一）、長野県諏訪郡中洲《なかす》村の農家に生まれた。上京して杉浦重剛《しげたけ》が校長をつとめる日本中学校に入学し、一浪して第一高等学校に進む。一高生・藤村操《みさお》の投身自殺を機に大流行していた「青春の煩悶」に陥り、二回留年したあげく除籍処分になる。帝大文学部選科生（今の課目履修生）になり、卒業後、神田高等女学校に就職したのである。

では、古本屋となった岩波がどのような経営方針を掲げたかというと、これが買い値はできる限り高く、売り値はできる限り安くという、「誠実真摯」第一主義の「正価販売」だった。これを見た神田の同業者は「潰れるのは時間の問題」と思ったようだが、これが案に相違して大繁盛。「誠実真摯」という岩波の「商品」がよく売れたのである。岩波の伝記を書いた一高の同級生・安倍能成《よししげ》は「その根底に虚偽と掛引を極度に嫌う性格と、頑固な道徳的信念とがなければできることではない」（『岩波茂雄伝』岩波文庫）と評しているが、至言だろう。サード・ウェーブにはこのような、ある意味、風変わりな「異業種からの参入者」もいたのである。だから、もし、岩波が「誠実真摯」の古本屋道を貫いたとしたら、神田神保町の古書街もまた少しは変わったかもしれないが、しかし、岩波は「誠実こそがベストセラー商品」という信念を出版のほうに振り向け、真実一路に生きることになるのである。

第七章

古書組合の誕生と関東大震災

明治末から大正末まで

誰にでも目に見える変化が古書業界に現れたのは大正二年（一九一三）の大火以後だったが、じつはその前から、すなわち明治末年から、業界内部でしか観察されえない大きな変化が現れてきたのである。

市会の改革

古本の仕入れセクターに関する変化、具体的に言えば市会の改革である。

江戸時代の章ですでに述べたように、市会という古本の相互仕入れシステムは少なくとも江戸中期には機能していた。ところが、明治二十年頃までの記録を調べると、市会はごくプライベートなものが存在するだけで、仕入れに関しては主にセドリに多くを負っていたことがわかる。おそらく、市会の機能も担っていた本屋仲間が明治初年に解体されてしまったことによるのだろう。事実、和本が中心で、量的規模が小さかった明治二十年頃までは仕入れはセドリだけで済んだのだ。

ところが古本の主流が洋装本に移り、量的規模も拡大してくると、セドリだけではとうてい足りなくなる。そのため、明治二十年代後半からは東京市内各所に自然発生的に市会が誕生するが、それは不定期であるばかりか、次のような大きな欠点を抱えていたのである。
「明治三十年代に入って、同業者が増えてくると、仕入も一般にせどりだけでは間に合わず、古書市会が方々に作られて、取引の媒介機関として重要な役割をもつようになってきた。
しかし、当時の市会は、開始時間も不正確であり、市会の終了後は、将棋や勝負事の慰みにふけるといった、なかば娯楽的な集会でもあった。したがって市会は、話し仲間、遊び仲間が集まって開設した。同業者にはまたこの市を通じての集まりが、唯一の集会であった」(『東京古書組合五十年史』)
なるほど、明治三十年代までの市会はこうしたものであったのか! 『紙魚の昔がたり明治大正篇』を読むと、業界に入ったばかりの新入りにベテランが市会なんぞに行ってはいけないと諭したという話が頻繁に出てくるのはこのためであったのだ。

旧型市会の欠点

しかし、じつを言うと、こうした娯楽のための集まりという欠点もさることながら、市会の本当の欠点はもっと別なところにあったのである。

「歳月とともに、その市会にも自然と有力人物、中心人物ができ、いろいろな親疎、情実関係も結ばれて、市取引に反映してきた。つまり馴れ合っている者には容易に品を落とすが、そうでない者は欲しくても落ちない。また市を盛り立てて会主となった人のなかにも、市で勢力を得ると、欲しい品には気儘《きまま》を利かせるという横暴と弊風が生じてきた」(『東京古書組合五十年史』)

こうした恣意的な市会の運営については、いろいろと証言が残っている。たとえば、和本の「最後のセドリ」と呼ばれた田中菊雄は明治二十年代の不定期な市の時代の思い出として次のような証言を残している。

「皆、市の歩市(五パーセントの手数料)でもって生活をしようというわけではない。皆、立派な店主さんなんです。ただ自分も品を買いたい、また売りもしたいというので市をするんですから、振り手に権力がある。仮に一つのものを一円という声が出ると一円でパッと落とす。一円十銭という声が出ても落とさない。俺が一円十銭とつけているのに何故落とさぬ、と言って見ても、俺はこれは一円しか価値がないものと思うから一円で落としたんだ、何を言うんだ、お前なんぞ生意気なことを言うな、俺が振っている本を知っているのか、といった調子で、なかなか勢力があった」(「明治大正期のセドリについて　その一、和本屋の巻」『紙魚の昔がたり　明治大正篇』所収)

これは振りといってセリ人が発声で行うセリ方式だが、もう一つ、お椀伏せという入札方式もあった。こちらは外側が黒塗り、内側が朱塗りのお椀の内側に値段を墨で書いて入札するやり方で不正はできないように思うのだが、『東京古書組合五十年史』によると、セリ人が馴染みの客に落札するために、書いてある値段を勝手に変えて読みあげるという不正が行われた。たとえば馴染みのAが三円と書いたのに対し、馴染みでないBが四円と書いていると、セリ人がAのお椀を「四円十銭」と読みあげてAに本を回してしまうというやり方である。ひどいときには、値段が記入されておらず、ただ「よろしく」と書かれている場合もあったという。

こうした悪弊に満ちた市会に対して誰もが不満を抱いていたが、それがはっきりしたかたちを取ることはなかなかなかった。しかし、靖国通りの完全開通で、南側にセカンド・ウェーブとサード・ウェーブの古本屋がずらりと並ぶようになると、この新興勢力の中から市会の改革を目指す有志が一致団結して立ち上がる。

「神田書籍商同志会」の誕生

明治四十三年（一九一〇）、理想的な市会や業界のあり方を考えるために、とりあえず相互の親睦、営業の研究、意見の交換を行おうという趣旨で「神田書籍商同志会」が創立されたのである。発起人は、南神保町、北神保町、裏神保町（通神保町）の十一の古書店だった。当初は会長を置かずにスタートし、大正三、四年（一九一四、一五）頃から顧問制に変わり、裏神保町・松村書店の松村音松、南神保町・飯島書店の飯島善吉、南神保町・尚文堂の土戸伊三郎が顧問に推薦された。後に、この複数の顧問の中から互選で会長が選ばれるようになった。

「神田書籍商同志会」が新たに立ち上げた市会は以下のような特徴を持っていた。

①市会は毎月一回、十二日に行われ、各店の出品責任額を最低二十円にした。これは錦町の松本亭の四の市の出品責任額が五円だったことを思えば大変な量的拡大である。実際、毎月の出来高は、四の市が三百円前後だったのに比して千円から二千円の間と大きく増えた。どの店も、販売量の増加で多く仕入れる必要に迫られていたのである。市の会場は、しばしば他の市会でも使用されていた貸席の松本亭、吉田屋、三亀などであった。

②セリの方法は、当初は入札式にしたが、従来のお椀伏せ方式ではなく、投票箱のような入札用の木箱に入札額を記入した紙を入れるやり方にした。いわゆる二番札はなく、入札記入の紙は一枚だけ。一回ごとに開札して落札者を決めた。

③月一の市会終了後、世話人が残って運営方針について協議した。会の維持費は五パーセントの歩金、篤志の寄付で賄い残金は積み立てた。店員表彰制度を設けた。後に、長年勤続店員で独立した者を対象とした。

結論から言うと、「神田書籍商同志会」の市会は参加者にとって、大いなる勉強の場となった。それまで洋装本は価格が定まっていなかったが、多くの参加者の前でセリが行われて落札値が決まるという市場原理を介して参加者の共通認識が育っていったのである。また、この「市会という学校」でしっかりと学んで書誌学的な知識を身につけた若い店員や店主の中からは、洋装本を古本としてではなく、一定の内在的価値を有する古書として扱おうとする新しいタイプの古書店も出てきた。こうした洋装本を古書と見なす店主は新しいジャンルの古書店を作っていくのである。

東京図書倶楽部の建設

ところで、このようにして「神田書籍商同志会」が運営する市会が順調に機能し、参加者がそこからしかるべき利益を引き出せるようになると、会員たちが、貸席ではなく、自分たちが所有する建物での市会を持ちたいと思うようになるのが人情である。しかも、それは「神田書籍商同志会」ばかりでなく、他の市会を運営している古書店主たちにも共有されている思いだった。だが、やはり資金的な問題が大きな妨げとなった。土地・建物を買うとなると、分担金が大きくなり、会員の中にはそこまでの経済的負担はしかねるという者が少なくなかったからである。

だが、やがて、この問題を一気に解決する方法を見いだす人物が現れる。裏神保町・芳賀書店の芳賀大三郎である。時代を先取りしたさまざまなアイディアを持っていた芳賀は、関西で阪急の創始者・小林一三《いちぞう》が沿線の分譲地開発に当たって考え出したのと同じ着想で行動を始めていた。すなわち、月賦（ローン）での支払いに応じてくれる地主はいないかと人脈をたどっていったのである。あるとき、芳賀は、小川町で桔梗屋という洋服店を経営していた斎藤嘉久太郎に出会い、その話をしてみた。すると、斎藤は芳賀の意気に感じたのか、小川町に四軒長屋を持っているので、そこなら月賦でしかも格安で譲ってもいいと答えた。かくて、芳賀の夢は一気に実現に向かって動き出すことになる。

「四軒長屋の二階をぶち抜いた細長い広間を市会場とし、階下の一軒を事務所にあて、残る三軒には以前からの人々が住むことになった。ちなみに、その階下の住人の一人が、今日スポーツ用品界の雄である美津濃であったという話は、何か今昔の感にたえないものを感じる。（中略）

大正五年八月に、念願久しかった自分たちの会場の東京図書倶楽部がめでたく誕生したのである。そして、この東京図書倶楽部を持ちえたことが、やがて東京古書籍商組合設立の大きな要因となり、この東京図書倶楽部の敷地が、今日の東京古書会館の原点ともなっているのである」(『東京古書組合五十年史』)

このように、大正五年(一九一六)八月の東京図書倶楽部の誕生はアイディアマン芳賀の「夢実現力」に依るところが大きかったのだが、芳賀はこれで満足することなく、さらなる大きな夢を育んでいたのである。

東京古書籍商組合結成に向けて

それは、東京のすべての古書店を束ねるような同業組合の設立である。

新刊書籍の方面では、すでに、明治二十年(一八八七)に出版社系の東京書籍商組合が設立されて、また明治四十年代には新刊本を販売する書店もこれに加入して強固な同業組合に成長していた。同じように雑誌の販売が中心の東京雑誌販売業組合も設立されていた。

これと同じことがなぜ古書店にできないのかと芳賀が考えたのも無理はない。

だが、芳賀はアイディアは泉のように湧いてくるが、「性格的に、それを実現させる実行力に欠けていた」と『東京古書組合五十年史』は評している。たしかに、こうしたタイプの人間はいる。ほかならぬこの私がそうであるが、こうした人間の「夢」が実現するには、それを具体的なレベルに落とし込んで実現へと向けて組織化を図る実務的能力と情熱を持った人たちが不可欠である。

では、こうした人は芳賀の周りにはいなかったのか？

すぐにはいなかったが、少し時間が経つと、ようやく現れたのである。「神田書籍商同志会」が規約によって選出した表彰店員たちが結成したニュー・ジェネレーションの会員組織「共有会」がそれである。

神田・本郷地区には、「神田書籍商同志会」結成以前から、古書業界の革新を目指す「青志会」という地域横断組織があり、主に市会を催してきたが、明治四十三年（一九一〇）にはこの会の神田地区会員である田村徳義や高山清太郎らが中核となって「神田書籍商同志会」の結成にこぎつけたのである。

それから十年ほどが経過した頃、「青志会」の理想を受け継ぎ、同じように業界の旧弊の打破を目指す革新組織「共有会」が生まれたのである。芳賀の理想は、松村書店出身の表彰店員である東浅吉を中心とするこの「共有会」の実行力と結びつくことにより、実現に向けて動き出すことになるが、『東京古書組合五十年史』によれば、それには、「青志会」を中核とする「神田書籍商同志会」が抱えていた「その会だけでは処理できない問題」が一つのきっかけになったという。

それは、公休日の設定と店員の待遇の問題だった。

大正デモクラシーの風潮が広がるにつれ、それまで前近代的だった書籍業界にも新しい風が吹き始めた。まず新刊書や雑誌を扱う書店や出版社が週に一度の公休制度を実施するようになっていたが、古書業界はこれに抵抗を示していた。しかし、古書店の中には新刊の書籍や雑誌を扱う店もあり、こちらは新刊系の組合に加入していた関係で公休制度を取り入れざるを得なくなっていた。

また、徒弟修業的な古い体質が残る古書業界では、店員は朝早くから夜遅くまでの長時間勤務を強いられることも多く、さらに丁稚の間は、本名ではなく「〇〇どん」と呼ばれるという伝統への抵抗も強くなりつつあった。

こうした問題は「神田書籍商同志会」の手にはあまる難題だった。東京全市の同業者が同調してくれなくては解決はできない。とならば、東京全市の同業者が参加する組合を設立するしか方法はない。

「そこで芳賀大三郎の組合設立の意図は、共有会を起爆剤として、青志会、同志会に連鎖反応的に誘爆を巻き起こし、俄然、実現への活動を開始するのである」（同書）

かくて、大正八年（一九一九）十月に、芳賀大三郎、田村徳義、それに本郷地区の井上書店・井上喜多郎が中心となって東京古書籍商組合の設立趣意書が作成され、発起人賛成人会が持たれた後に趣意書の配布が東京市内の古書店に行われ、翌大正九年一月八日に、小川町の東京図書倶楽部にて東京古書籍商組合創立総会が開催されたのである。

古書業界はこの後、関東大震災という大きな災厄に遭うが、むしろ、これを奇貨として、昭和の時代に大きく飛躍してゆくことになるのである。

関東大震災による業態の転換

大正十二年（一九二三）九月一日、相模灘で発生した関東大震災は神奈川、東京を直撃し、死者十万人にも及ぶ巨大な被害をもたらした。古書業界、とくに神田古書街は甚大な被害を受けた。店舗・在庫ともに完全に灰燼《かいじん》に帰したばかりでなく、神田地区の三名の東京古書籍商組合員も犠牲となった。

この関東大震災発生時にちょうど神田神保町の交差点近くにあった帽子屋に居合わせたのが反町茂雄である。仙台の第二高等学校在学中で、夏休みを利用して東京の家に戻り、義姉とその娘と一緒に神田神保町に帽子を買いに来ていたときに地震に遭遇したのだ。

関東大震災後の夜見世（『東京古書組合五十年史』より）

「『あぶない！　出ましょう！』と、義姉たちをかばって外へ。四方八方から物の落ちる音、倒れる響き、崩れる鳴りが、一時に合響して、ただドードーゴーゴーという底力のある騒音となって耳に入る。『大地震!!』と、やっと思いつくと、無我夢中、三人がひとかたまりになって、人道の外側にうずくまる様に立つ」（反町茂雄『一古書肆の思い出1　修業時代』平凡社）

反町はかろうじて牛込《うしごめ》喜《き》久井《くい》の兄の家に戻ったが、九月四日に神保町に来てみると、一面の焼け野原、残った書店は一軒もなかった。

では、これによって東京の古書業界が壊滅的な打撃を受けて、立ち直りが困難な状況に追い込まれたのかというと、むしろ、その反対だった。東京の古書業界は関東大震災を機に、未曾有の大発展を遂げることになったのである。

その一番手となったのが、一誠堂だった。

「焼土の神保町界わいで、最初に立ち上がったのが一誠堂さん、テント張りの小さな仮り店でした。当然に目立ちました」（同書）

一誠堂はしばらくして木造の仮店舗を建て、他の店もそれに続いた。そして、驚いたことに、どの店も押すな押すなの大繁盛となったのである。

原因の一つは、古書業界のいわば「川上」に当たる新刊書店、取次、出版社、印刷所、用紙業者、製紙工場が焼け、流通機構まで打撃を受けたのに対し、古書業界は豊富な在庫が全国に確保されていたことにある。目ざとい古書店は、震災後ただちに、古本・古書が大量にある関西以西に買い出しに出かけた。『東京古書組合五十年史』には次のように書かれている。

「神田の組合員の多くの人々は関西、遠くは中国、九州まで古本の仕入れに出張したということであった。したがって相場が高騰することになった」

反町茂雄も『紙魚の昔がたり　昭和篇』に収録された「昭和六十年間の古書業界」の冒頭でこう語っている。

「機敏な業者は、すぐに有り金を懐ろに地方へ飛びました。（中略）各市の一流新本店を訪問して、店頭の目ぼしい学術書・辞書の類を、そうざらい的に買い込む、定価のまゝで。（中略）各地で大量のものを取りまとめて梱包して、汽船便で東京へ送ってもらう。まだ汽車便は駄目でした。着荷早々に、市場へ出して売ります。何でも、いくらでも、よい値で売れる」

このように、古書業界が関東大震災後に有卦に入った原因は古本・古書の仕入れが容易だという供給サイドの問題が大きかったが、しかし、これだけではなかった。需要サイドでも巨大なうねりが生まれたのである。

一つは、火災のために蔵書を焼いてしまった人々が、復興した神田古書街に殺到したことである。火災を免れた蔵書家も、内田魯庵《ろあん》のような古書好きの知識人が東大図書館の全焼などを例に挙げ、明治の本のほとんどが焼けたと嘆いたのに刺激され、古書の買い増しに動いた。さらには、古書店に足を踏み入れたことのないような人までが古書店に殺到した。こうして、ときならぬ古書バブルが発生したのである。反町茂雄は『紙魚の昔がたり昭和篇』でそのときのフィーバーぶりをこう描写している。

「相場は一日一日と上昇つゞき、新値が新値を呼ぶ時期なのですから、買う者勝ち。少し高いなどと躊躇すれば、すぐに傍の人に取られてしまう。かりにいくらか値高に買い過ぎても、半月かそこらの内に、すぐに相場がそこに追いつくのでした」

だが、いかに関東大震災の被害が大きかったにしろ、いずれバブルは崩壊ということになるはずだが、このときばかりは違った。一般客の外に、いわゆる「機関投資家」、つまり公官庁や学校が大量の買い手として控え、バブル景気を下から支えていたのである。

書物の大口需要家である大学、高等学校、専門学校の図書館は関東大震災の前までに基礎資料をほぼ完備していたが、これらの蔵書の大半が灰燼に帰したため、政府が用意した

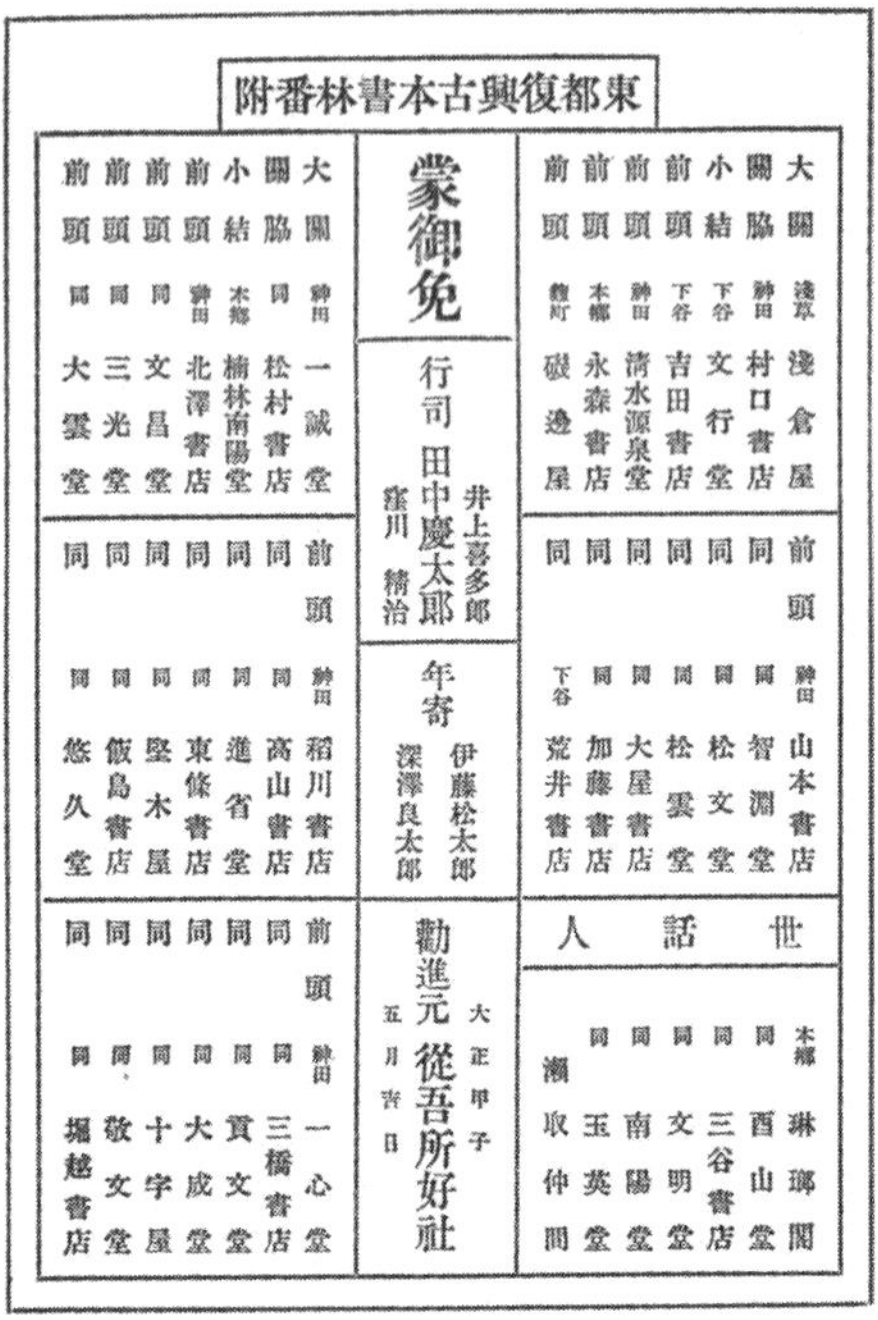

大関 浅草 浅倉屋
関脇 神田 村口書店
小結 下谷 文行堂
前頭 下谷 吉田書店
前頭 神田 清水源泉堂
前頭 本郷 永森書店
前頭 麹町 破邊屋
前頭 神田 山本書店
同 同 智淵堂
同 同 松文堂
同 同 松雲堂
同 同 大屋書店
同 同 加藤書店
同 下谷 荒井書店
世話人
本郷 琳瑯閣
同 酉山堂
同 三谷書店
同 文明堂
同 南陽堂
同 玉英堂
瀬取仲間
蒙御免
行司 井上喜多郎 田中慶太郎 窪川精治
年寄 伊藤松太郎 深澤良太郎
勧進元 従吾所好社
大正甲子 五月吉日
大関 神田 一誠堂
関脇 同 松村書店
小結 本郷 楠林南陽堂
前頭 神田 北澤書店
前頭 同 文昌堂
前頭 同 三光堂
前頭 同 大雲堂
前頭 神田 稲川書店
同 同 高山書店
同 同 進省堂
同 同 東條書店
同 同 堅木屋
同 同 飯島書店
同 同 悠久堂
前頭 神田 一心堂
同 同 三橋書店
同 同 貫文堂
同 同 大成堂
同 同 十字屋
同 同 敬文堂
同 同 堀越書店

東都復興古本書林番附
（『東京古書組合五十年史』より）

復興予算を使って蔵書の再収集に乗り出した。神田古書街と東京の大手古書店は真っ先にその特需の恩恵を受け、空前の古書ブームに沸いた。

古書バブルの絶頂は震災の翌年の大正十三年（一九二四）で、十四年になると、紙の生産も元に戻り、出版社が再版につとめたため、昇り勾配《こうばい》にもやや陰りが見えてきたが、古書バブルはまだ終焉《しゅうえん》しなかった。何十冊、何百冊といった全集や叢書ものの再版は後回しになったので、この方面ではまだまだ根強い需要が残ったのである。

このように相場が上昇トレンドに入ると、ブームはまだ続くと考える強気筋とブームはそろそろ終わりだと考える弱気筋の思惑が交錯して、仕入れに投機的なカンが要求されるようになるものだが、そこから、新たな時代の覇者が生まれてくるのもまた過去のバブルの経験則通りだった。要約すると、この関東大震災後の古書バブルにおいては、強気筋が勝ち、古書業界の覇者となったのである。

とはいえ、さすがに、震災から三年経った大正十五年には、収まるべきところに収まってしまった。では、値崩れが始まったのかというと、そうはならなかった。すべての本が再版されるわけではなかったので、需要が減っても、いったん上がった古書価格が下がることはなかったからである。反町は、八木書店の八木壮一の「大正大震災というものは、古本業界にとって、プラスだったんですか、マイナスだったんですか？」という問いに明快に答えている。

「断然、大きなプラスです。古本屋さんたち、特に神田・本郷の一流・二流店は、三年間に非常に多くの恵みを受けました。（中略）古本屋さんの営業範囲は、大震災を境にして、非常に拡大され、しかも高級化の方向に進みました。『古事類苑』『大正新修《しんしゅう》大蔵経《だいぞうきょう》』『東洋美術大観』等の、日本の生産した世界的な大出版物は、需要に応じ得るのは古本屋だけ、という事実は、古本屋に対する一般社会の評価をも高めました」（『紙魚の昔がたり　昭和篇』）

　この最後の「古本屋に対する一般社会の評価をも高めました」という部分が重要である。反町からすると、関東大震災前の古本屋は、誰かが読んだ本を少し値を安くして売るセコハン業者としてある種の軽蔑をもって遇されてきたのが、関東大震災を機に、「面目を一新して、文化性の高い、稀覯性もある商品も取り扱う商人」となり、財政的にもしっかりとした基盤に支えられるようになったのだから、いわば「業態の変更」であり、意義は大きかったのである。反町が「震災は、古本業界の成年式」だったと述懐するのもむべなるかなである。

第八章

古本屋の学校・一誠堂の躍動

昭和ゼロ年代

古書冬の時代と反町茂雄の登場

古書業界がようやく社会的認知を得たと思ったのもつかの間、大正が終わり、一週間しかなかった昭和元年（一九二六）の後に昭和二年が明けると、新しい脅威が古書業界を襲う。昭和恐慌と円本の登場である。とりわけ、後者が古書業界にとっての最大の打撃となった。円本全集が店頭に並ぶのに反比例して、古本は売れなくなったのである。

こうした円本攻勢で、我が世の春から一転して冬の時代に入った古書業界に、後に「古書業界の歴史家」となる反町茂雄が飛び込んできた。時に昭和二年四月のことだった。

では、反町茂雄とはいかなる出自の人物だったのか？　新潟・長岡で手広く米穀卸し仲買業を営む家の子供として明治三十四年（一九〇一）八月に生まれ、仙台の第二高等学校を経て東大法学部の政治学科へ進学すると、歴史好きがこうじて、古書の世界に親しむようになる。

転機は十字屋酒井嘉七（助治の弟で助治没後、後を継ぐ）と知り合ったことである。酒井の話を聞いて兄の酒井宇吉が経営する一誠堂の店員となることを決意する。

ひとことで言えば、反町が一誠堂で「東大卒の丁稚」として過ごした年月は、古本道の修業として役立ったばかりか、知識と教養の潜在的な力が顕在的力として現れて「偉大なる古書肆反町茂雄」を誕生させるのに貢献したのである。

一誠堂内でも反町の株は上がり、信頼も高まっていった。売上を伸ばす方法を考えるうちに思い立ったのが、「一誠堂古書籍目録」を持参しての図書館などへの営業活動である。反町に刺激を受けた一誠堂の他の店員たちも営業活動に励んだので、東大史料編纂所、同

大正14年発行の一誠堂古書籍目録
(『東京古書組合五十年史』より)

昭和2年頃の一誠堂（『東京古書組合五十年史』より）

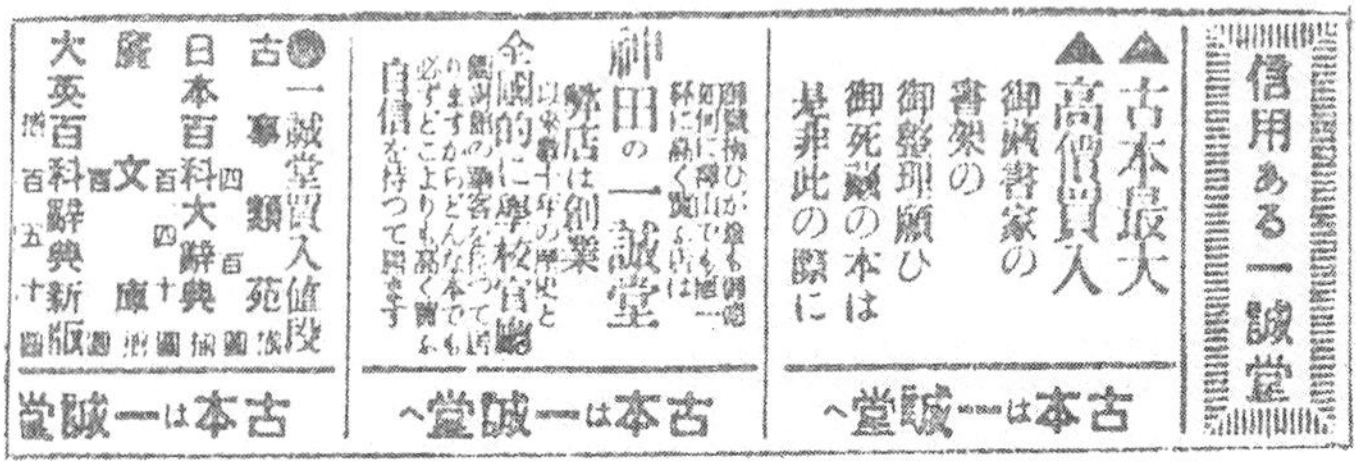

一誠堂の『朝日』全一段広告（部分）　昭和4年2月
（『一古書肆の思い出1　修業時代』より）

大経済学部研究室、上野の科学博物館、日比谷図書館などから大口の注文が入り始めた。

こうした上昇気運に拍車をかけることになったのが昭和三年（一九二八）十一月に行われた昭和天皇の即位式、すなわち「御大礼《ごたいれい》」である。議会で「図書館普及に関する建議案」が採択され、全国規模で図書館の新設・拡充が始まったのだ。

ところで、注文が殺到しても、売るべき本が集まってこなければ商売は成立しない。古本商売では売るよりも買うほうが大変と言われるのはそのためであるが、では一誠堂は、増加しつつある注文をさばくために、どのようにして仕入れを充実していったのだろうか？　大新聞の買入広告である。ただし、新聞広告を見てかかってくる電話の場合、大半は出張鑑定となる。しかし、一誠堂のような大店でも、鑑定のできるベテラン店員は限られているから、そうした少数の店員に頼っていたのでは、商売は拡大できない。ではどうすればいいのか？

古本屋の学校としての一誠堂

一誠堂が大正・昭和期の代表的古書店となったのは、ここが「古本屋の学校」として機能し、その卒業生たちが、神田古書店街の主要な店舗の経営者となったからである。神田地区だけに限定しても、現在盛業中の店が悠久堂、一心堂《いっしんどう》、東陽堂《とうようどう》、山田書店、八木書店、小宮山書店、崇文荘、三茶《さんちゃ》書房、沙羅《さら》書房、けやき書店と、十軒もある。

神田地区以外に目を転じると、過去現在を問わなければ、東静堂（名古屋）、誠和堂《せいわどう》（横浜）、大学堂（本郷東大前）、大山堂《たいざんどう》（本郷東大前）、成匠堂《せいしょうどう》（長岡）、棚橋書店（名古屋）、木本《きもと》書店（滝野川）、いこい書房（早稲田）、きさらぎ文庫（石神井《しゃくじい》）、アルカディア書房（本郷）、古書里艸《りそう》（千葉）、それに反町茂雄の弘文荘（昭和七年に本郷東大正門近くで独立）などがある。

このように、一誠堂が「古本屋の学校」となった事情について、『古書肆１００年　一誠堂書店』の中の「一誠堂から好敵手へ」というコラムで、磯野佳世子は次のように説明している。

「昭和九年に発行された『金儲け実話集』（実業之日本社）の中で一誠堂が紹介され、次のような一文が記されている。

〈店員二十五人を擁し、店員から神田の古書店街に一人前の店主となっているものが十人もあることは、彼（＝初代宇吉）の人となりを示すものであろう〉

一誠堂を称えているわけだが、裏を返せば、戦前の古書店は店の者が神田で独立することをよしとしなかったことがわかる。（中略）初代宇吉はそういう類のことにこだわることなく（中略）このため神田には自然と一誠堂出身者の店が増えていった」

なるほど、一誠堂が「古本屋の学校」となった原因の一つは、店員の神田地区での独立を認める初代店主・酒井宇吉の寛容な方針にあったわけだが、しかし、「古本屋の学校」となるには「古本教育」が行われなければならない。一誠堂はまさにその「古本教育」を店員たちに施す機関であったのだ。

ではいかにして、一誠堂はその「古本教育」の機関となったのか？

昭和二年（一九二七）四月に一誠堂に入店した反町茂雄は一年もしないうちに番頭格の実力店員となったが、古本の配置変更や正札書き直しを行っている最中、店員の一人から同じ本なのに別の値段がついていることを指摘された。買取価格がベテラン店員の独自の基準に拠っていたため、同じ本なのに売り値がバラバラになっていたのだ。そこで、反町は買入係それぞれの買入値の「査定」を行うことにしたのである。

夜十一時に店の仕事が終わると、別棟の階上の三十畳はある部屋に一同を集め、円座を組み、その日に仕入担当がそれぞれ買い入れてきた本を並べる。

車座の中央に反町が座り、店員がそれぞれ仕入れてきた古本をまとめて、古本屋の俗語で言えば「一口《くち》」ずつ反町の前に並べる。すると、反町は一冊ずつ手に取って適正だと思われる仕入価格を述べる。そして、記録係が反町の査定した金額の合計を発表すると、今度は、その「適正価格」と仕入係の買入価格の差を出して、「適正・不適正」を決めるのである。ただし、評価が反町の評価よりも下なら「適正」で、上回っていると不適正というわけではない。あまりに安く買い叩きすぎるのも「高価買入」という店の看板に偽りありということでこれもいけないのである。要はアンダーでもオーバーでも反町の下した適正価格との誤差が少ないのがいいということになるのだ。

反町入店後の一誠堂が「古本屋の学校」として機能し始めたのは、反町に明らかに「教育」の意図があったからにほかならない。つまり、徒弟修業のように見よう見まねで職人として自立するのを待つというのではなく、一人の親方が十人以上の徒弟に「同じこと」を「一斉に」教えて効率化を図るという近代的教育の方法を反町は古本の世界にも導入したのである。今風に言えば古本修業のシステム化であり、反町は一誠堂を「古本屋の学校」にすることにきわめて意識的であったのだ。

時代状況で古本の価値は変動するから、古書店主や店員は相場を知らなければならないが、本当に重要なのは、古書の潜在的な価値を発見して、それを歴史資料、文学資料として文化的アーカイブの中に繰り入れることである。反町が古本屋業界に持ち込みたかったのは、こうした「文化的存在」としての古本屋・古書店なのである。

このようにして、団結を強め、同志的な連帯感情を抱くに至った一誠堂の店員たちは、昭和五年(一九三〇)、古典籍の勉強会「玉屑会《ぎょくせつ》」を結成し、この年の十一月に「商売気一

一誠堂店員自治会の慰安旅行（昭和4年）
（『一古書肆の思い出1　修業時代』より）

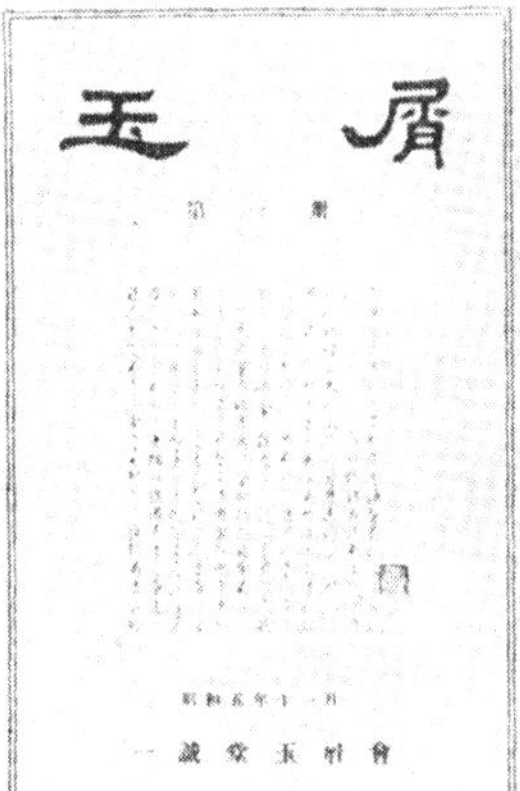

店員の研究誌『玉屑』
（『一古書肆の思い出1　修業時代』より）

切なしの研究誌『玉屑』」の第一号を発行することになる。「山田朝一氏、八木敏夫氏（後の八木書店）、小宮山慶一氏（後の小宮山書店）など店員十一人の労作を掲載し、顧客及び諸先生、同業の先輩に頒布した。これは昭和八年の第六号まで続いた」（『古書肆100年　一誠堂書店』年譜）

この『玉屑』創刊については、反町の興味が昭和四年の林忠正《ただまさ》和本コレクションと九条家古写本蔵書の入札会をきっかけにして、俄然、和本（古典籍）へシフトしたことが関係している。つまり、それまでは、反町もまた一誠堂もほとんど古典籍を手掛けたことがなく、よく知らなかったのだが、この二つの入札会に対するコレクターの過熱ぶりに刺激されて反町と一誠堂は一気に古典籍へ舵を切ることにしたのである。『玉屑』はまさにそのための研究誌として創刊されたのだった。

神田神保町古書街の拡大と看板建築

昭和五年（一九三〇）、古書業界は、円本ブームや岩波文庫の創刊で構造不況のどん底にいた。底打ちしたのは、昭和六年の暮れに蔵相の高橋是清《これきよ》が脱デフレ策を矢継ぎ早に打ち出してからのことであるが、この古本大不況を通じて、古書業界には大きな変化が現れ始めていた。

一つは、東京古書籍商組合に加入する組合員の数が目立って増加したことである。昭和二年末に五百七十五人だった組合員は、不況の出口である昭和七年末には千二百七人に増加していた。デフレで職を失ったサラリーマンや「大学は出たけれど」で定職に就けなかった高学歴者たちが、小さな資金で始められるということで、退職金や親からの出資をもとに古本屋を開業したのである。

もう一つは、神田神保町への一極集中である。この現象は大不況時代に加速し勝ち組と負け組を生み出した。

勝ち組の一方の旗頭は、増加する大学生を相手とした教科書・参考書中心の古本屋だった。一冊の儲け幅は少なく、数パーセントの利幅だが、数が多かったので着実に儲けは出たのである。稲垣書店・三光堂書店・東陽堂書店などである。

勝ち組のもう一つのグループは、円本や文庫本などの影響を受けない高価な全集や叢書などを扱う大手の書店だった。これらの大手書店は、昭和の大不況でもほとんど影響を受けず、むしろ、扱い品目を拡大することで、零細書店を圧倒していったのである。一誠堂・巌松堂《がんしょうどう》書店などがこのグループだった。大正末から昭和の初めにかけての一九二〇年代は、日本における学歴インフレの第一期に当たり、大正七年（一九一八）の（第二次）高

神田の古本屋街（少女倶楽部昭和6年7月号付録）
（『東京古書組合五十年史』より）

等学校令を受けて、国立、公立、市立の高等学校が続々と設立されたのに伴って、そこへの進学を目指す国公私立の中学校の創設も相次ぎ、また大学も総合大学を目指して競って学部を新設したため、学校図書館の基本図書納入を得意とする大手古書店は大いに潤ったのである。

古本屋とて、経済原則の例外ではない、デフレが進むと淘汰《とうた》が起きるという法則はここでも確認できるのである。

このように、昭和の最初の十年間のデフレは、二百軒近い古本屋が蝟集する神田古書街においてさえ、「格差」を生じさせたが、では、勝ち組のメンバーは、一誠堂と巌松堂のほかにどんなところがあったかというと、北沢《きたざわ》書店と水道橋の楠林南陽堂だった。

北沢書店と楠林南陽堂は一誠堂よりも一足先に昭和四、五年頃に店舗を新築し、木造ながらその堂々たる店構えで他店を睥睨《へいげい》していた。また、昭和七、八年に古本業界が苦境を脱すると、これら先行の店に負けじと、松村書店や大雲堂書店や稲垣書店も一等地への進出を図った。松村書店は一誠堂隣の薬屋を二万四千円で買い取り、業界を驚かせた。これと前後して大雲堂書店が隣接の東条支店を買って間口を拡げ、翌年には稲垣書店がソバ屋の地久庵《ちきゅうあん》から権利を買って本店を新築し、旧来の本店を支店に改めた。その後、稲垣書店は本店を丸岡広文堂に譲り、高岡書店の隣の、支店としていた旧店に戻った。

このように、昭和五年から八年頃にかけて、神保町古書店街では店舗にも変化が生まれつつあったが、それは関東大震災直後に建てられたバラック建築が耐用年数に達したということで、時の政府から建て替え命令が発せられていたことと関係している。

最初はどの店でも不燃性の本格的ビル建築をと意気込んでいたのだが、届出期日が近づくにつれてみんな弱気になり、一心堂も、悠久堂も、東陽堂も、松村書店も、また現金売上第一位だった稲垣書店も「中間建築に決めた」と言い出した。そして、結局、この中間建築が靖国通りに立ち並ぶことになったのだが、そのときの「一定の基準」というのが、後に藤森照信《てるのぶ》氏が「看板建築」と命名したジャンルの建物に多く見られた不燃性の材質

看板建築が立ち並ぶ関東大震災復興後の街並み（神田神保町）
（「基礎資料　千代田区の街並みのうつりかわり」〔千代田区〕より）

（モルタル、銅板）を使った外壁である。外壁には日本的アール・デコの装飾が施され、それなりのモダンテイストを醸し出していた。今から三十年ほど前までは、靖国通りの反対側のビアホール「ランチョン」に入って向かい側を眺めると、小宮山書店から六軒ほどこの「看板建築」がズラリと並び、「これぞ、昭和建築！」と感嘆したものだが、今は靖国通りには看板建築はわずかしか残っていない。

このように、靖国通りに立ち並ぶ古書店のほとんどが中間建築を選ぶ中、一誠堂店主は、昭和五年に、歴史的決定を行った。古書専業者としては全国唯一の、地上四階地下一階のビルの建築が始まったのである。一誠堂ビルはまさに、戦前・戦後の昭和、そして平成の神田古書街を支えたのである。

古書即売会の隆盛

昭和六年（一九三一）は日本経済が不況のどん底にあった時期に当たるが、神田の古書業界にとっては大きな転換点となった画期的な年として記憶される。デパートやイベント会場を使った古書展の嚆矢である「丸ビル展覧会」が明治堂書店の三橋猛雄を中心とする書物春秋会によって昭和六年五月に開催されて爆発的人気を呼び、以後、同様の即売会が東京市内各所で開かれるようになったからである。

ではいったい、丸ビル古書即売展は、なにゆえに「古書展史上、一時代を画する」と言われるほどの大ヒットを記録したのであろうか？

『東京古書組合五十年史』には「古書即売展」という一章が設けられていて、古書即売展の歴史が語られているが、それによると、この手の古書即売展の嚆矢は明治四十二年（一九〇九）十一月に、横浜の浜港館で開かれたそれで、これが大好評であったために、松山堂・浅倉屋・磯部屋が日本橋の常磐木《ときわぎ》倶楽部を借りて明治四十三年か四十四年に第一回展覧会を開き、成功を見た。ただし和本中心で洋装本は古書展覧会の売れ筋ではなかった。震災後も客筋は特定のファン中心で、一般の古書好きにまでは浸透していなかった。それが丸ビル古書販売展で一変したのである。オーガナイザーの明治堂書店・三橋猛雄は『書物春秋』二十五号（昭和十年二月）掲載の「古書展雑感」でこう語っている。

「神田で売れる本には限度がある。極端に云へば法学通論やクラウンリーダーだけを商つておればよいといふようなことは、これから伸びやうとする青年古本屋には堪へられない

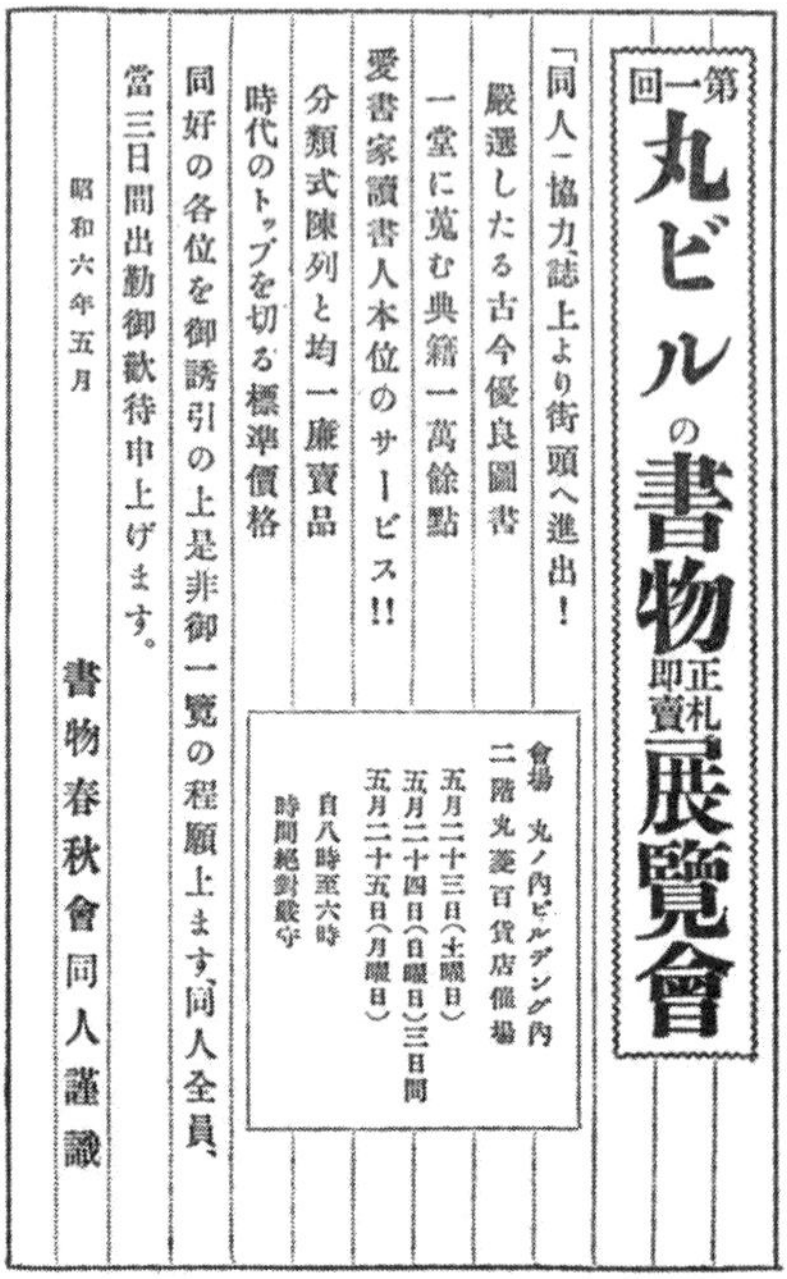
第一回 丸ビルの書物 正札即賣 展覧會

「同人一協力」誌上より街頭へ進出！
厳選したる古今優良圖書
一堂に蒐む典籍一萬餘點
愛書家讀書人本位のサービス!!
分類式陳列と均一廉賣品
時代のトップを切る標準價格
同好の各位を御誘引の上是非御一覧の程願上ます。同人全員、
當三日間出勤御歡待申上げます。

會場 丸ノ内ビルヂング内
二階丸菱百貨店催場
五月二十三日（土曜日）
五月二十四日（日曜日）三日間
五月二十五日（月曜日）
自八時至六時
時間絶對嚴守

昭和六年五月
書物春秋會同人謹識

丸ビル書物展覧会目録。昭和6年5月
（『紙魚の昔がたり 明治大正篇』より）

ことだ。本拠を棄《す》てずに余力を以って或いは余力を振い興して、より広き舞台へ進出してこそ古本屋としての生命の躍動がある」（『東京古書組合五十年史』）

会場費、広告費、運搬費などの問題については後述するが、じつは、これが都心の大会場を使った古書即売展開催の大きなリスクで、神田の大手古書店でさえリスクをテイクする勇気がなかったのである。丸ビル古書販売展は、稲垣書店・大雲堂書店・東条書店・松村書店・東陽堂書店・明治堂書店等、神田神保町の若手ばかり九人。それに浅倉屋の若主人が集まって、このリスクをテイクしたのである。

反町は成功の理由として、即売された本が、和本中心の従来の古書展とは異なり、古本・古書のみであったことを挙げている。そして、この古本・古書だけで一万二千円という売上を記録した事実が、「マーケットはまだ広大に残っている！」と、古書業界を大いに刺激することとなったのである。

こうなると、柳の下にドジョウはまだいるとばかり、神田・本郷などの有力店の連合も続々と銀座の伊東屋《いとうや》、日本橋の白木屋《しろきや》といった大繁華街・ビジネス街の会場を借りて古書展を開催するようになる。一度勢いのついた流行のうねりは止まるところを知らず、古書展は奔流のように銀座・京橋・日本橋、さらには新興の盛り場である新宿へと進んでいった。

第九章

戦争をくぐり抜けて

昭和十年代

戦争の影と資料物

古書店業界は昭和十一―二十年に入ると戦争の影響で、今までのような営業形態は取りにくくなる。中でも異色なのは、資料物と呼ばれるジャンルを確立した店が出現したことだろう。戦争準備のために政府と陸軍統制派の手で各種の資源調査会・研究所の類が作られると、この官庁需要を受けて一時的に資料物が急発展したのである。

一般読書人にとってはほとんど価値のない潰しと呼ばれる資料が、その潜在的価値を目利きの古書店によって発見され、戦時体制で創設された調査会・研究所に納入されるようになったことから、資料物という新ジャンルが市会で地歩を獲得したのである。

では、この資料物の価値を見いだしたのは神田古書街のどの店なのだろうか？

これまでに何度か登場した巖松堂書店である。

巖松堂書店は明治三十四年（一九〇一）に波多野重太郎《しげたろう》が麻布十番に個人店を開業したのが始まりで、同三十七年（一九〇四）に神田神保町に進出してからは、同年の明治天皇の勅題（歌題）「巖上松」にちなんで書店名を「巖松堂書店」とした。出版にも進出、法律書・経済学書など社会科学系を中心に幅広い分野で学術書を世に問い、朝鮮のソウルや東京・本郷、大阪にも支店を出すなど、積極展開を見せた。

こうして上り坂にあった巌松堂書店に大正十年（一九二一）に十二歳で入店したのが、後の株式会社巌南堂書店社長・西塚定一である。反町茂雄編『紙魚の昔がたり　昭和篇』に収録されたインタビュー「法経関係と資料物の事など　巌南堂書店　西塚定一」は、この巌松堂書店の来歴を知るうえでも、また、そこから独立して巌南堂書店を築いた書店主の一代記としても非常に興味深い読み物となっている。

三重県桑名藩の下級武士の家系に生まれた西塚定一は十二歳で父を失い、上京して巌松堂書店に入店し、同時に西神田小学校へ通うが、「英語かドイツ語を勉強しておくといい」という波多野の勧めで、神田の正則英語学校へ入学する。しかし、巌松堂書店が震災特需で急に忙しくなったため中退する。

巌松堂は資金にものを言わせて法学・経済学関係の古書を買いあさった。東北大学と九州大学に法文学部が新設されて一気に法律・経済関係の古書への需要が高まったからである。京城《けいじょう》帝国大学、台北《たいほく》帝国大学も設立されたので法律・経済書の需要はさらに高まった。

巌松堂はこうした積極果敢な姿勢で資料物というジャンルに引きがきていると察知すると、ただちにこれらに人員と資金を投入したのだ。巌松堂を経由して学者の蔵書や図書館に納められた資料は数知れず、その分、巌松堂は大儲けしたわけだが、しかし、儲けたと

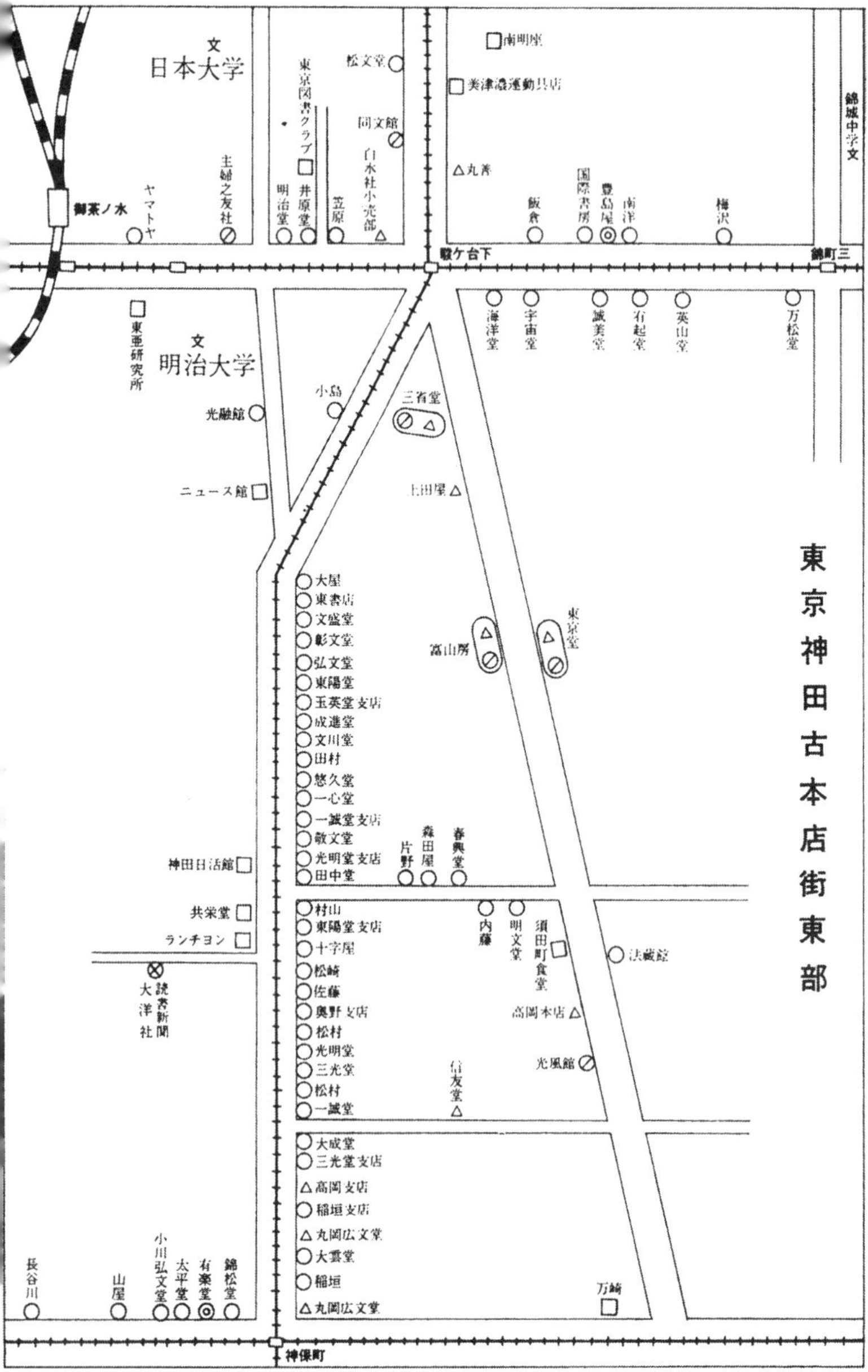
東京神田古本店街東部
日本大学
明治大学
文
御茶ノ水
駿ケ台下
錦町三
神保町
錦城中学文
東京図書クラブ
松文堂
同文館
白水社小売部
南明座
美津濃運動具店
丸善
主婦之友社
ヤマトヤ
明治堂
井原堂
笠原
飯倉
国際書房
豊島屋
南洋
梅沢
東亜研究所
海洋堂
宇宙堂
誠美堂
有起堂
英山堂
万松堂
光融館
小島
三省堂
ニュース館
上田屋
大屋
東書店
文盛堂
彰文堂
弘文堂
東陽堂
玉英堂支店
成進堂
文川堂
田村
悠久堂
一心堂
一誠堂支店
敬文堂
光明堂支店
田中堂
冨山房
東京堂
片野
森田屋
春興堂
神田日活館
共栄堂
ランチヨン
村山
東陽堂支店
十字屋
松崎
佐藤
奥野支店
松村
光明堂
三光堂
松村
一誠堂
内藤
明文堂
須田町食堂
法蔵館
高岡本店
光風館
信友堂
読書新聞
大洋社
大成堂
三光堂支店
高岡支店
稲垣支店
丸岡広文堂
大雲堂
稲垣
丸岡広文堂
万崎
長谷川
山屋
小川弘文堂
太平堂
有楽堂
錦松堂
昭和14年 神田古本店街地図（『東京古書組合五十年史』より）

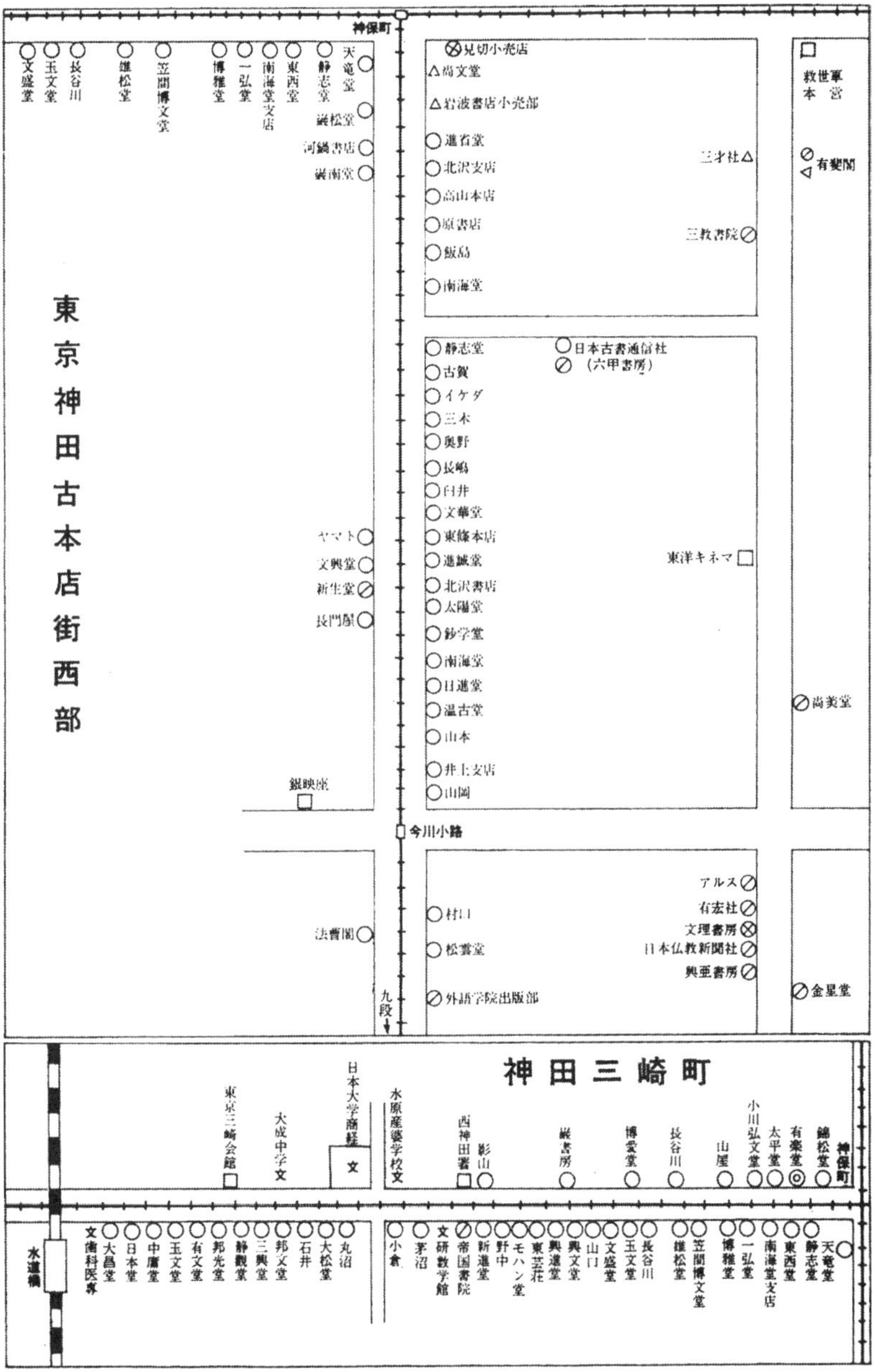
東京神田古本店街西部
神保町
文盛堂
玉文堂
長谷川
雄松堂
笠間博文堂
博雅堂
一弘堂
南海堂支店
東西堂
静志堂
天竜堂
巌松堂
河鍋書店
巌南堂
見切小売店
尚文堂
岩波書店小売部
進省堂
北沢支店
高山本店
原書店
飯島
南海堂
三才社
三教書院
救世軍本営
有斐閣
静志堂
古賀
イケダ
三木
奥野
長嶋
臼井
文華堂
東條本店
進誠堂
北沢書店
太陽堂
鈔学堂
南海堂
日進堂
温古堂
山本
井上支店
山岡
日本古書通信社
（六甲書房）
東洋キネマ
尚美堂
ヤマト
文興堂
新生堂
長門屋
銀映座
今川小路
アルス
有宏社
文理書房
日本仏教新聞社
興亜書房
村口
松雲堂
法曹閣
外語学院出版部
金星堂
九段
神田三崎町
東京三崎会館
大成中学
日本大学商経
水原産婆学校
西神田署
影山
巌書房
博愛堂
長谷川
山屋
小川弘文堂
太平堂
有楽堂
錦松堂
神保町
水道橋
歯科医専
大昌堂
日本堂
中庸堂
玉文堂
有文堂
邦光堂
静観堂
三興堂
邦文堂
石井
大松堂
丸沼
小倉
茅沼
研数学館
帝国書院
新進堂
野中
モハン堂
東芸花
興進堂
興文堂
山口
文盛堂
玉文堂
長谷川
雄松堂
笠間博文堂
博雅堂
一弘堂
南海堂支店
東西堂
静志堂
天竜堂

いうことよりも重要なのは、巖松堂社長のカンひとつで再生紙になるはずの貴重な資料が救われたということである。

巖松堂は台北帝国大学が設立されると、ほとんど独占的に図書を納入するようになり、満州事変を契機に日本の満州進出が始まるとそちらに目を向ける。しかし、満州国に進出したイケイケドンドンの企業の例に漏れず、巖松堂も、満州進出が命取りとなる。戦後、波多野一《はじめ》社長（重太郎の長男）は追放され、古書店・出版社としての巖松堂書店は昭和二十四年（一九四九）に倒産した。

一方、資料物という伝統を正しく受け継いだ巖南堂は、昭和十二年（一九三七）に開店し、翼賛体制で古本の流通が困難になった後にもその強みを発揮、企画院の外郭団体として設立された国策調査・研究機関である東亜《とうあ》研究所への納入で実績をあげた。この東亜研究所には、講座《こうざ》派の山田盛太郎《もりたろう》、アダム・スミスの翻訳で知られる経済学者・水田洋《ひろし》、経済学者・内田義彦《よしひこ》らも採用されていたので研究レベルは非常に高く、集められた文献のレベルも高かった。現在では、収集資料は公益財団法人政治経済研究所に引き継がれているということ。

巖南堂の西塚定一は巖松堂で覚えた目録販売を徹底し、それによって戦後の大学新設特需で大きく飛躍していくことになるのである。

巌松堂から巌南堂へ。資料物のジャンルにおいて伝統は確実に守られてきたのである。

公定価格の衝撃

昭和十二年（一九三七）七月に日中戦争が勃発し、影響は神田古書街にも及んだ。

反町茂雄編『紙魚の昔がたり　昭和篇』収録の座談会「昭和六十年間の古書業界」で、昭和十六年（一九四一）に施行された公定価格の問題は、古本の出まわりを急に悪くした。と語られている。機械的に決められた公定価格では、良い本、売れる本ほど割安になるから、市場には良書は出なくなり、悪本ばかりがはびこる。業者は悲鳴をあげて、公定価格の改定を求め、十七年・十八年・十九年と、毎年価格の改定をしてもらったが、効果は当座だけだった。

業者同士や客と業者との間の自由マーケットで価格が自ずから決定される仕組みになっている古書業界において、公定価格が導入されたのでは、商売が事実上、不可能になってしまったのである。

やがて太平洋戦争の激化で、店主や店員に次々に召集令状が舞い込み、出征を免れた者も工場に徴用されるなどの事態となったため、神田古書店街も休業したり、開店休業状態

昭和14年頃の古書店員姿
（『東京古書組合五十年史』より）

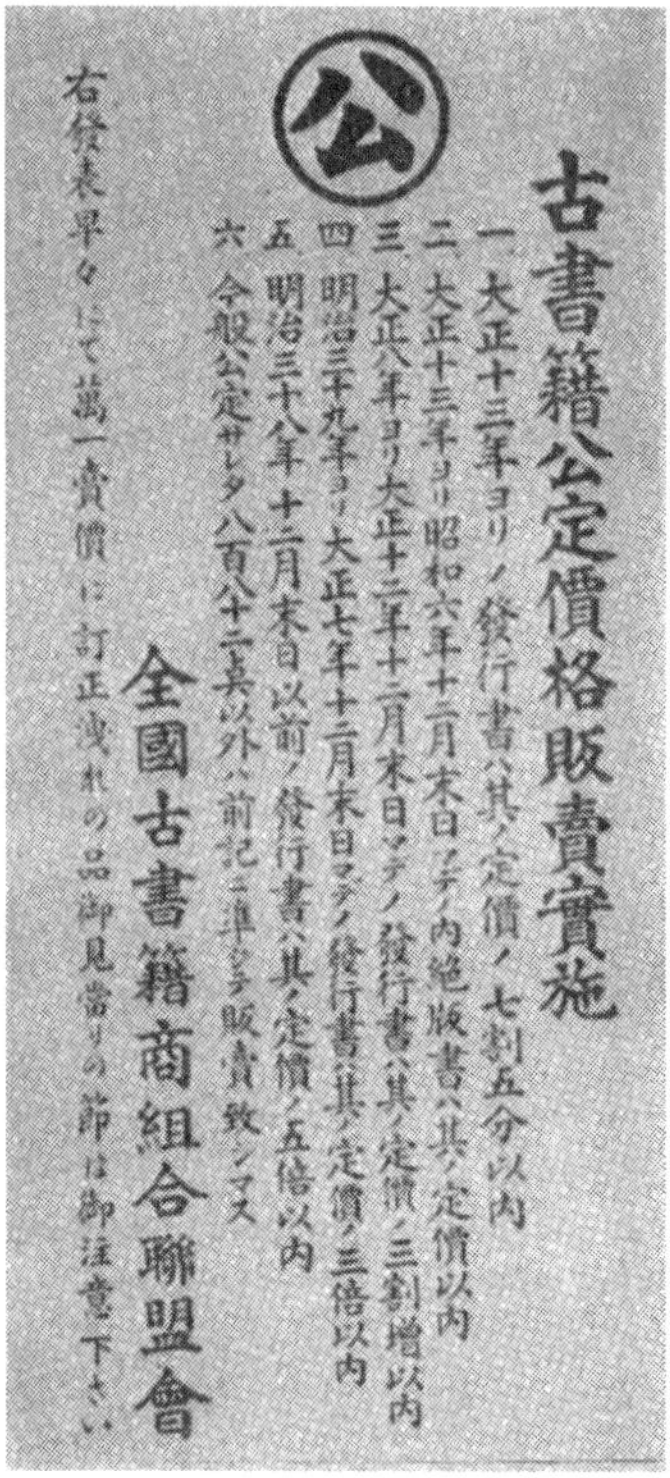

古書籍公定價格販賣實施

一 大正十三年ヨリノ發行書ハ其ノ定價ノ七割五分以内
二 大正十三年ヨリ昭和六年十二月末日マデノ内絶版書ハ其ノ定價以内
三 大正八年ヨリ大正十二年十二月末日マデノ發行書ハ其ノ定價ノ三割増以内
四 明治三十九年ヨリ大正七年十二月末日マデノ發行書ハ其ノ定價ノ三倍以内
五 明治三十八年十二月末日以前ノ發行書ハ其ノ定價ノ五倍以内
六 今般公定サレタ八百八十二點以外ハ前記ニ準ジテ販賣致シマス

全國古書籍商組合聯盟會

右發表早々にて萬一賣價に訂正洩れの品御見當りの節は御注意下さい

公定価格販売実施のポスター。昭和16年
（『東京古書組合五十年史』より）

の店が相次いだ。この状態は昭和二十年（一九四五）の八月十五日まで続く。

東京古書籍商組合の歩み

戦時中に大きな変化があったのはむしろ東京古書籍商組合のほうである。

東京古書籍商組合は既述のように大正九年（一九二〇）一月に創立されたが、設立の音頭を取り、組合長にも収まった芳賀書店の芳賀大三郎は、組合を強力な財政的基盤を持った同業組合にしようという構想を持っていたので、その年の十一月に開かれた評議員会で次のような提案を行った。

「東京図書倶楽部に於て開催している市会を組合に譲渡し、また各所に散在している市会を買収、或は他の方法で統一して、十万円の会社組織とする。そして組合の事業とする」（『東京古書組合五十年史』）

組合は本質的には親睦団体にすぎなかったのに対し、市会は五パーセント前後の手数料を徴収する商業団体で、主催者はそれなりの利益を得ていた。組合の下に市会があるのではなく、市会は独立した組織で、組合には従属してはいなかった。それゆえ、組合に市会を統合することは、市会の主催者にとっては私権の放棄に当たったのである。

そのため、評議員会の反応は、芳賀案は理想にすぎず、実現は不可能というものだった。

そのことは、東京古書籍商組合が入居している東京図書倶楽部における賃貸関係を見れば一目瞭然だった。すなわち、東京図書倶楽部はその設立出資者となった神田書籍商同志会と連合市会（神田と本郷の四つの市会が統合されてできた市会）および他の市会の主催者が大家で、東京古書籍商組合はその一室を無料で借りている店子《たなこ》にすぎなかった。

『東京古書組合五十年史』は「組合は組合、市会は市会という観念は、各市会主の頭にしみ込んで」いたとし、その関係にはしばらくは何の問題もなかったと書いている。

「組合を創立したとき、その規約に市会の問題はなんら含まれていなかった。（中略）組合創立の発起人は、また各市会の有力な会主であったから、創立以来昭和元年までは、友好的な併存主義で問題も起こらずに経過してきたのである」

実際、関東大震災で、東京図書倶楽部は全焼したが、翌大正十三年（一九二四）にバラック建築で再興すると、前と同じように組合も店子として入居している（ちなみに、東京図書倶楽部は昭和九年に本建築で完成）。

ひとことで言えば、東京図書倶楽部の大家である市会連合のほうが東京古書籍商組合よりもはるかに強力な組織だったのである。

この関係が逆転するのが昭和十五年（一九四〇）である。

昭和十二年の日中戦争勃発以来、総力戦体制を敷いた政府・軍部は統制ピラミッドの上意下達をスムーズにするため、商工業組合を改組する方針を打ち出したのである。

古書業界にとって波紋が大きかったのは既述のように価格表示規定だったが、組合にとって衝撃として受け止められたのは組合と市会の関係改善に外圧が働くようになったことである、具体的に言うと、命令ではなく自主規制というかたちではあれ、

①市会という名称を廃して「交換会」に改めること

②交換会には組合未加入者は出入りを禁ずること

③組合が東京図書倶楽部を買収して直営にすること

④交換会を組合直営にすること

といった改革案が分科会の検討に付され、総会にはからざるを得なくなったのである。

この改革案は昭和十六年十二月八日に「対米英宣戦布告の大詔《たいしょう》」が発せられて太平洋戦争が開始されるに及んで一気に実現に向かって進んでいく。

昭和十七年、一月十一日、九段の軍人会館で開催された総会により、組合規約の改正とともに商業組合への改組案が可決され、三月二十五日には神田の共立講堂において「東京古書籍小売商業組合」の創立大会が開催され、「交換会直営」と「東京図書倶楽部の買収（買収価格は六万円）」の二大懸案事項の実施が決定され、五月二十六日に軍人会館で開催さ

軍人会館（昭和9年竣工）
（「基礎資料　千代田区の街並みのうつりかわり」〔千代田区〕より）

れた第一回総会にはかられ承認された。

反町茂雄は『東京古書組合五十年史』収録の「名家大口売立会を中心に」でこう総括している。

「それまで市会あっての組合だったのが、逆転して組合あっての市会に一変しました。（中略）

昭和十七年を境にして、組合は一挙に強力になりました。強力に成長すべき基礎をシッカリと据えました。事業の規模は十倍二十倍し、資金は二十倍―三十倍―或はそれ以上にも伸びました。（中略）芳賀大三郎氏をはじめ、組合の創立者たちの理想であった交換会の直営は実現し（中略）、組合と市会とは、ここではじめて一体となったのでした。云うまでもなくこんどは組合が主で、市会が従です。以後は、市会の歴史は、即ち組合の歴史の内です。ここから新しい歴史が出発致します」

要するに、昭和十七年までの東京古書籍商組合は何ら経済的地盤を持たぬ単なる古書籍商の親睦団体で、経済的にはそれとは独立して組織されている市会のほうが力が強かったのだが、当局の経済統制策のおかげで、市会の利権はすべて組合に吸収され、市会は組合の下部組織にすぎなくなったというわけである。組合にとってはまさに、棚からぼた餅、怪我の功名であった。おかげで、戦後、東京古書籍商組合は強固な経済的地盤を持つ強力な組合組織として混乱を乗り切ることができるのである。

なお、これらの組合改組に伴うように、昭和十五年十二月には従来の五区制が廃止され、十支部を置くことが決定された。

五区制の前は、組合創立時に設けられた九地区制（神田地区・麹町地区・日本橋地区・芝麻布地区・赤坂地区・牛込地区・本郷小石川《こいしかわ》地区・浅草下谷《したや》地区・本所深川《ほんじょふかがわ》地区）であったが、これが東京の拡大に伴い、大きく五つのブロックに分けられていたものを、組合改組に際して十の支部とその下区分の地区に再分割したのである。地区は昭和十五年当時の東京の行政区に対応している。

なお、当局の指導により、昭和十七年に東京古書籍小売商業組合へと改組されていた東京古書籍商組合は、昭和十九年には、東京都古書籍統制組合へと再改組され、戦時下の統制組合の色を濃くしていったのである。

第十章

戦後の復興と発展

昭和二十年から
昭和後期まで

戦後の混乱と新円切り替えによるにわかユートピア

昭和二十年（一九四五）八月、玉音放送がラジオから流れ、長かった戦争が終わった。神田神保町は奇跡的に空襲を免れたが、下町の古書店の多くは焼失し、店主が召集されたり徴集されている店も多く、全体的には玉音放送前と変わらぬ開店休業の状態が続いていた。

国民と同じように、公職追放と農地改革、財閥解体、資産凍結など、ＧＨＱが矢継ぎ早に繰り出す政策を呆然と見つめているほかなかったのである。

明けて昭和二十一年二月十七日、日本全体を震撼させる緊急勅令が発せられた。金融緊急措置令・日本銀行券預入令という暴令である。その骨子は預金封鎖と新円切り替えである。預金からは、一カ月に世帯主が三百円、世帯員が一人あたり百円、事業者は給料一人あたり五百円までしか新円を引き出せないので、ものを売って新円を手に入れるほかなく、古書や骨董に目が向く。

古書業界は、新円切り替えで需要・供給ともに一気に蘇り、空襲を免れた神田古書店街は我が世の春を謳歌した。中でも洋古書の専門店は仕入れる先から飛ぶように売れ、戦前から洋古書を専門にした松村書店や進省堂は破竹の勢いだった。

また、その年の後半からは、都内の各デパートが古書部を開設し、各デパートに古書店が入るだけでなく、古書のデパート展が盛んに行われた。日本橋の白木屋での「東京古典会展」を皮切りに伊勢丹デパートでの「伊勢丹展」など、戦後の古書業界の復興を後押しした。

では、仕入難でマネー不足のこの時代に、一般の古書店はどのように対処していたのだろうか？　意外なことに物々交換なのである。西田幾多郎《きたろう》博士の『善の研究』、阿部次郎の『人格主義』が通貨として機能し、古書売買の仲立ちをしたのだ。

こうして、混乱の昭和二十一年、二十二年が終わり、昭和二十三年が明けると、古書店には空前のブームが訪れてくる。GHQ指導の民主化改革の結果、需要サイド、供給サイドとも俄然活発になり、凄まじい勢いで古書が古書店に流れ込み、別の場所へと移動していったからである。

まず供給サイドから行くと、平等化政策が矢継ぎ早に施行されていったために、古書店が喉から手が出るほどに欲しい優良古書が有産階級の書庫から大量に放出されてマーケットに流れ込むことになった。

しかし、供給サイドが活発化したのはわかるが、こんな混乱の中に需要サイドが大きく動いたというのはどういうことだろう？

　昭和二十三年三月に公私立の新制大学十二校が文部省によって認可されたのを皮切りに、昭和二十四年には国立七十校、私立九十二校、公立十八校、合計百八十校という大学が新設され、翌年には短期大学百四十九校がこれに加わったことが巨大な需要を生んだのである。つまり、新刊書店はまだ体制が整わなかったから、各学校の図書館の注文のほとんどが古書業界に集まったのである。

　この大学新設ブームの波に乗ったのが巌南堂だった。巌南堂の西塚定一は店売りが期待できない中、各種の学会名簿を頼りに会員に本の売却依頼の手紙を出したところ、これが大当たり。昭和二十四年には復刊第一号目録を出したが、全体の八割くらい売れた。

　目録を受け取って注文を出したのは、新設された大学の図書館関係者たちだったが、基礎文献には複数の注文が入ったから神田の同業者も潤うこととなる。東京では小宮山書店・一誠堂、関西では京都の思文閣《しぶんかく》・臨川《りんせん》書店等が目録で販路を広げていった。

　大学図書館という大口需要は昭和二十四年に始まって三十年（一九五五）にピークを迎えたが、そこから学部増設、大学院新設ラッシュが続いたため、二番山が現れ、昭和三十五年（一九六〇）まで好調が持続した。

　ことほどさように、神田古書街は、戦前は周囲の大学のおかげで、また戦後は全国に新設された大学からの注文で、二段階の発展を遂げたのだが、その中で「大手」として生き残ったのは、目録制作で大学図書館納入に努めた店だった。大学図書館という「機関投資家」の資金は膨大であり、今日の神田神保町の基礎を作ったのである。

和本屋の忍従とブームの到来

では、この間、古本ではなく古書、とくに古典籍を売る反町の弘文荘のような和本屋は、どのような商売をしていたのだろうか？　反町自身の回想を「昭和六十年間の古書業界」（『紙魚の昔がたり　昭和篇』所収）で聞こう。

「ごく大体の論ですが、新旧円切替えの時には、新円のほしい上級の市民たちの蔵書が余計に出た。大口の古典籍や貴重な重美・国宝の類の多くは、モー半年か一年遅れて、出始めたように思います。敗戦で、収入が激減した華族さんや富豪たちは、その上に重課された財産税の納入のために、二十二、三年頃は、多くの現金を必要とした。又、急に大幅の切り詰めを余儀なくされた生活費をまかなうためにも、物を売らねばならない。そこで大きな金額になるものが、市場へ放出された。その上に、二十二、三年頃の、アメリカ崇拝、デモクラシー流行《ばやり》。自国の歴史に対する自信の喪失、古い伝統に対する軽はずみの蔑視が、古物の放出に拍車をかけた点も見られますね。とに角、昭和二十二年一月の九条公爵家、三月の渡辺千秋《ちあき》伯爵家の蔵書売立などを皮切りに、古典籍の大口の、市中への奔流が始まった」

それはまさに奔流と呼ぶのがふさわしい財産の大移動だった。これに匹敵するのはフランス革命とロシア革命のみ。

だが、この古典籍の大移動については、弘文荘のような和本屋古典籍専門の古書店はどこも非常に苦労した。というのも、買い入れの時期と売りの時期の「ずれ」がはなはだしく資金繰りに腐心せざるを得なかったからだ。

つまり、「ウブ口」といって、売り手から直接買い入れる取引においては、まとまった現金が必要になるが、重要文化財クラス、国宝クラスのものも多かったから資金は十分に用意しなければならない。

では、買取資金はどこから手に入れたのか？　じつは、反町は第一次大戦後のドイツの教訓から戦後のインフレを予想し、敗戦直前、空襲の最中に不動産を買いあさって、この日が来るのに備えていたのだ。

弘文荘の戦後の大発展は、歴史に学び、それを自分の商売に役立てようとした反町茂雄の決断によっていたのである。

戦後の東京都古書籍商業協同組合の創立と再出発

話が前後するが、ここで東京古書籍商組合がその後、どうなったかを見ていこう。既述のように、大正八年（一九一九）に創立された東京古書籍商組合は昭和十七年（一九四二）に当局の指導により東京古書籍小売商業組合へと改組され、同十九年には、その名もズバリの東京都古書籍統制組合へと再改組された。

昭和二十年八月十五日の玉音放送の後、ＧＨＱの指導により、十一月頃から政府部内で統制制度の撤廃が検討されるようになったのを受けて、全国古書籍業統制組合理事長・田中慶太郎の名前で同年十二月発行の『組合月報』に統制組合の解散と新組合の発足が報じられた。

事実、このとおりにことは進んで、昭和二十一年三月にはまず価格統制令が撤廃されたのを受けて新組合の準備が開始された。しかし、肝心の場所がなかった。というのも、昭和二十年四月に空襲で東京図書倶楽部は全焼していたからである。組合事務所に所蔵されていた資料もすべて焼失した。組合本部は焼け残った一誠堂二階に移転し、細々と事務を再開した。さらに昭和二十一年四月、明大裏の三輪病院長邸に仮住まいを得て、交換会

（市会）もそこで催すことができるようになった。

とはいえ、いまや交換会は組合の下部組織となっている。やはり、なんとしても、組合を再建しなくてはならない。昭和二十二年三月、評議員会は協同組合設立準備委員会を設け、東京都古書籍商業協同組合の開催に向けて歩みを進めることとなる。

かくて、昭和二十二年三月三十一日、東京都古書籍商業協同組合の創立総会が組合事務所のある三輪病院長邸で開催され、組合は戦後の再出発を果たしたのである。初代理事長には村口書店の村口四郎（半次郎の子）が就いた。

敷地の購入と東京古書会館の建設

元東京図書倶楽部の敷地にバラックを建て、新組合本部事務所の建設に着手しようとしていた昭和二十三年（一九四八）一月、思わぬ話がもたらされた。元東京図書倶楽部の敷地所有者より十五万円強で土地譲渡の申し込みがあったのである。組合は総会を開いて買収を決議、建設用地を取得した。後のインフレと地価上昇を考えると、このときの決断は実に大きかったのである。本部事務所は「東京古書会館」と命名され、総工費百十七万円の木造二階建てが翌年に八月に完成した。

「東京古書会館」の落成は、戦後大規模な売立会や交換会の会場になるなど、古書業界の発展を物質的な面からも支えたが、しかし、昭和三十年（一九五五）に至ると、耐用年数が目前に迫っていることが明らかになったので、五年後の新築を目指して提案がなされることとなり、新「東京古書会館」建設のための小委員会が計画の検討を開始した。その結果、A案「地下一階地上三階」、B案「地下一階地上四階―六階」の二案のいずれかでいくこととなり、組合員の意見を聴取したが、その過程で、本部会館の建設まずありき、ではなく各支部の会員のためにも支部会館建設も同時に進行させるべきではないかという支部会員の声が多数寄せられたため、建設プランは本部会館建設と支部会館建設を同時に進めていくという「総合建設案」に変更されたのである。そして、その後に紆余曲折のあげく、昭和三十九年（一九六四）十一月の臨時総会にて、「古書会館総合建設要綱」が可決され、本部会館はAプラン、支部会館は都内に三ないしは四つ建設ないしは購入することが決まった。

このうち建設が先行したのは第九、第十支部共同使用による東部支部会館だった。南千住《みなみせんじゅ》の候補地が買収され、昭和四十一年（一九六六）五月に着工、七月には完成を見た。支部会館落成と同時に第九、第十支部は合同して第九支部となり、昭和四十四年（一九六九）の改組で、東部支部となった。

次に建設されたのは、第二、第三支部共同使用の西部会館だった。場所は高円寺駅北口で、既存の建物を土地とともに購入して増改築を施し、西部支部会館として完成した。昭和四十二年（一九六七）四月のことである。

一方、本部会館はというと、昭和四十一年にAプランの図面が制作されたが、ここからが難航した。地表駐車場の収容能力が十台しかなく、交換会会場が二階になることへの批判が寄せられたため、最終的にBプランに変更され、昭和四十一年七月に着工、翌年の五月に竣工を見た。竣工祝賀会は、五月十日に「東京古書会館」建設を強力に推し進めた三橋理事長（明治堂書店）の挨拶で始まったが、『東京古書組合五十年史』に挙げられているこのときの来賓諸氏の顔触れが、われわれのような世代にとってはなかなか感慨深いので以下に掲げておこう。「木村毅《き》、吉田精一《せいいち》、中山正善、高橋邦太郎《くにたろう》、庄司浅水《しょうじせんすい》、河上民雄《かわかみたみお》、脇村義太郎《わきむらよしたろう》、吉田小五郎《こごろう》、利倉利一、辻直四郎《なおしろう》、大久保利謙《としあき》、安藤鶴夫《つるお》、川瀬一馬《かずま》、波多野完治、石井良助《りょうすけ》、久松潜一《せんいち》、羽仁《はに》五郎、河野《こうの》義克《よしかつ》」

交換会の戦後史

大戦中の統制強化により、それまで、組合とは独立して運営されていた市会が交換会と名を改めたうえで組合の傘下に組み入れられたが、具体的にどのような交換会が組合に直営として認定されたのかについてはまだ記述していなかった。以下、組合直営交換会の概略を記しておこう。

①中央市会

東京図書倶楽部建設と東京古書籍商組合結成の原動力となった連合市会と神田同志会、およびこの二つの有力市会に対抗して窪川精治会長が組織した一心会は戦時下に活動停止し、自然消滅した。

戦後、一心会の主要メンバーだった永森良茂は、組合が寄寓していた三輪病院長邸で戦後最初の市会を開いた。これが「一般書市会」で、神田地区の有力店が参加したが、昭和四十二年（一九六七）、「中央市会」へと発展解消した。

②東京古典会

明治四十五年（一九一二）頃に誕生した古典籍専門の東京書林定市会（通称・定市会）はセドリあがりの深沢良太郎、田中菊雄、村口半次郎らを中心にした自然発生的な市会だったが、これが大正九年（一九二〇）の東京古書籍商組合の成立を機に規約を定め、正式に発足。村口洋装本中心の東京古書籍商組合に対抗して和本を扱う有力業者の大同団結となった。村口半次郎が顧問という名の会長、井上書店の井上喜多郎が中座というコンビで大正末から十数年運営された。昭和十四年（一九三九）に富岡《とみおか》文庫売立に際して反乱が起こり、村口顧問の辞任騒ぎに発展し、井上喜多郎常務員が村口顧問の除名を求めるなど紛糾したが、これを機に機構を一新、戦中には「明治古典会」と改称した。戦後の苦難の時代を抜けて、昭和二、三十年代には歴史に残る大売立会を取り仕切った。

③東京洋書会

明治四十年（一九〇七）頃、本郷の志久本亭で松村書店の松村音松が中心となって発足した洋書後楽会が前身。大学で原書購読が必須科目だった時代、法学書や経済学書の原書は売れ筋の商品だったのである。戦争激化とともに活動は不可能になったが、戦後は洋書ブームで最も活発な市会となった。

④東京資料会

資料物とは、諸官庁出版物、大学や企業の研究所の紀要や定期出版物を指す。日中戦争開始までは政治・経済・歴史関係が多かったが、戦争拡大とともに基礎科学文献の需要が増えたため、昭和十四年（一九三九）、本郷・至泉堂、三崎町・東芸荘が資料物の交換会を組織、第二倶楽部市会と相乗りで資料会を発足させた。戦後は、新制大学ラッシュで資料会は大発展を遂げた。本郷の第七支部市会が赤門会と改称し、資料物の大市を開催したが、メンバーが資料会と重なっていたため、昭和四十七年（一九七二）には資料会と合併した。

⑤明治古典会

後述の八木書店・八木敏夫が戦後、上野松坂屋をテナントとして松坂屋古書部を開設・経営し、特徴のある古書展を開きたいとしたのが始まりである。「一般書市」と重なるようになって昭和二十四年（一九四九）に休止状態になった。昭和三十三年（一九五八）頃、反町茂雄が明治・大正文化への関心の高まりに対応して再興。八十五名の会員で復活、会長は明治堂書店の三橋猛雄。昭和三十年代を通じて最大の市会だったが、会員が拡大したため、反町の提案で、昭和四十年（一九六五）、会の資産を全会員に返納して、一誠堂ＯＢ中心とする少数精鋭の十五人で再出発した。昭和四十一年から反町が会長となると、マスコミ対策に力を入れ、昭和四十三年の明治百年に向かって宣伝を開始、四十二年の五月、日本橋白木屋で「明治百年大古書展」を開催、空前の売上を記録した。昭和四十四年に反町が身辺事情により退会した後も、「明治古典会」は今日に至るまで「組合の顔」として最も活発に活動を続けている。

以上が組合直営の交換会だが、このほか有力なものとして七つの支部が主催・運営する支部交換会がある。ここでは神田支部の「一新会」について触れておこう。

「一新会」は、組合直営の「一般書市会」の前身の一つである「一心会市」を前身とする。昭和十六年（一九四二）の組合改組で「一心会」は第一支部直営となったが、これが昭和二十六年に改称したのが「一新会」である。神田古書街の拡大・充実に伴い「一新会」も大きく飛躍し、組合直営の交換会と並ぶ核心的市会として今日に至っている。

特価本ジャンルの確立

古本屋で扱われているジャンルの一つに特価本というのがある。

古本が、読まれた後（あるいは読まれぬまま）に古本屋に売り払われたセコンドハンド本を指すのに対し、倒産、在庫整理、疵《きず》、汚れなどの理由で出版社の倉庫から直接、古本屋に回ったファーストハンド本が特価本である。ゾッキ本とも呼ばれるが、特価本＝ゾッキ本ではなく、特価本⊇ゾッキ本が正しい。神田神保町には「日本特価書籍　長島《ながしま》書店」「山田書店」など何軒かの特価本専門店があるが、中でも特筆すべきは「八木書店」だろう。というのも、ここは小売もするが、全国規模のサプライチェーンを誇る特価本の大手取次でもあるからだ。つまり「八木書店」の歴史を調べると、特価本の歴史も見えてくるはずなのである。

八木書店の創業者・八木敏夫は明治四十一年（一九〇八）十二月、兵庫県二見町東二見《ふたみちょうひがしふたみ》（現・明石《あかし》市）に生まれた。神戸育英商業を卒業する頃には家業が傾いていたため、神戸の福音舎という新刊小売店に住込小僧として入ったところ、稲垣書店の元店員から一誠堂の店員になるよう勧められる。そこで、店主の紹介状を添えて一誠堂宛てに手紙を出すと、商用で神戸を訪れた反町茂雄が福音舎まで出向いて面接してくれて一誠堂への入店が決まったのである。時に昭和四年（一九二九）五月のことである。

歳は若かったが、総意工夫のスピリットに富んでいた。そうしているうちに大阪に『大阪古本通信』という古本相場を知らせるプリント刷りの冊子が誕生し、発行人の富樫栄治から東京のニュースが欲しいので協力してほしいという連絡が入った。この仕事に八木が興味を持ち出したので、反町は八木をつれて大阪に出向き、富樫と面談したところ、富樫は、しばらく考えた後「東京で始められるとすれば、遠からぬうちに、お客さんは、みんな八木さんの方に行くに違いない。わかりきっていることだから、私はやめます」（『紙魚の昔がたり　昭和篇』）と答えたのである。富樫は権利代や買収費を取らなかったばかりか顧客名簿まで譲ってくれた。こうして、昭和八年（一九三三）十二月に一誠堂を退職した八木は、蓄えた六百五十円に、反町からの出資三百五十円を加えて千円の資本金とし、「日本古書通信社」を創業、翌年の一月から『日本古書通信』を発行したが、発刊三年目に入った昭和十一年（一九三六）八月、東京古書籍商組合の役員会で古書相場の公開を禁ずるという決議がなされたことにより『日本古書通信』は編集方針の大転換を余儀なくされ、

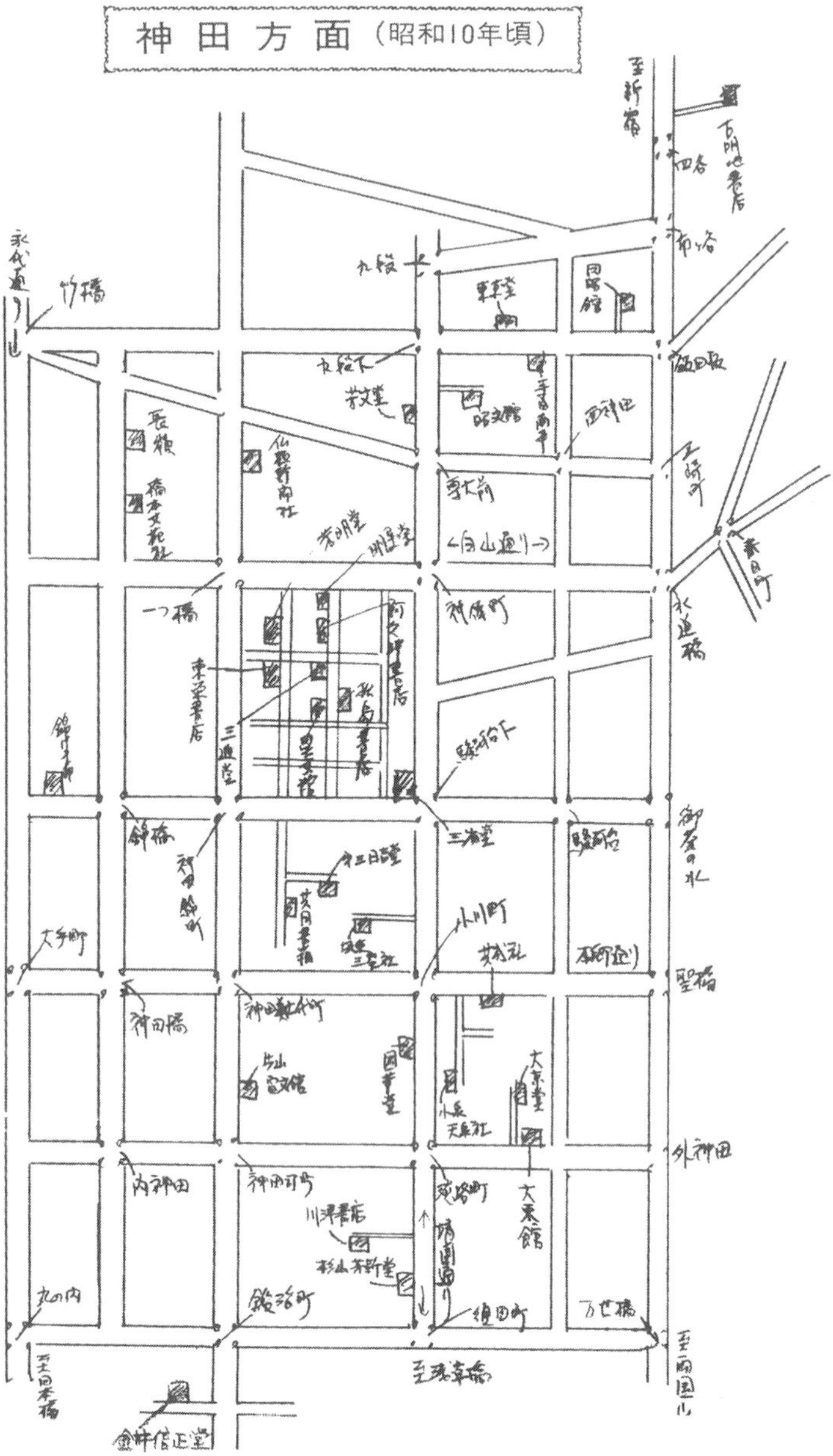

特価本書店地図（『全国出版物卸商業協同組合　三十年の歩み』より）

神田方面（昭和56年）

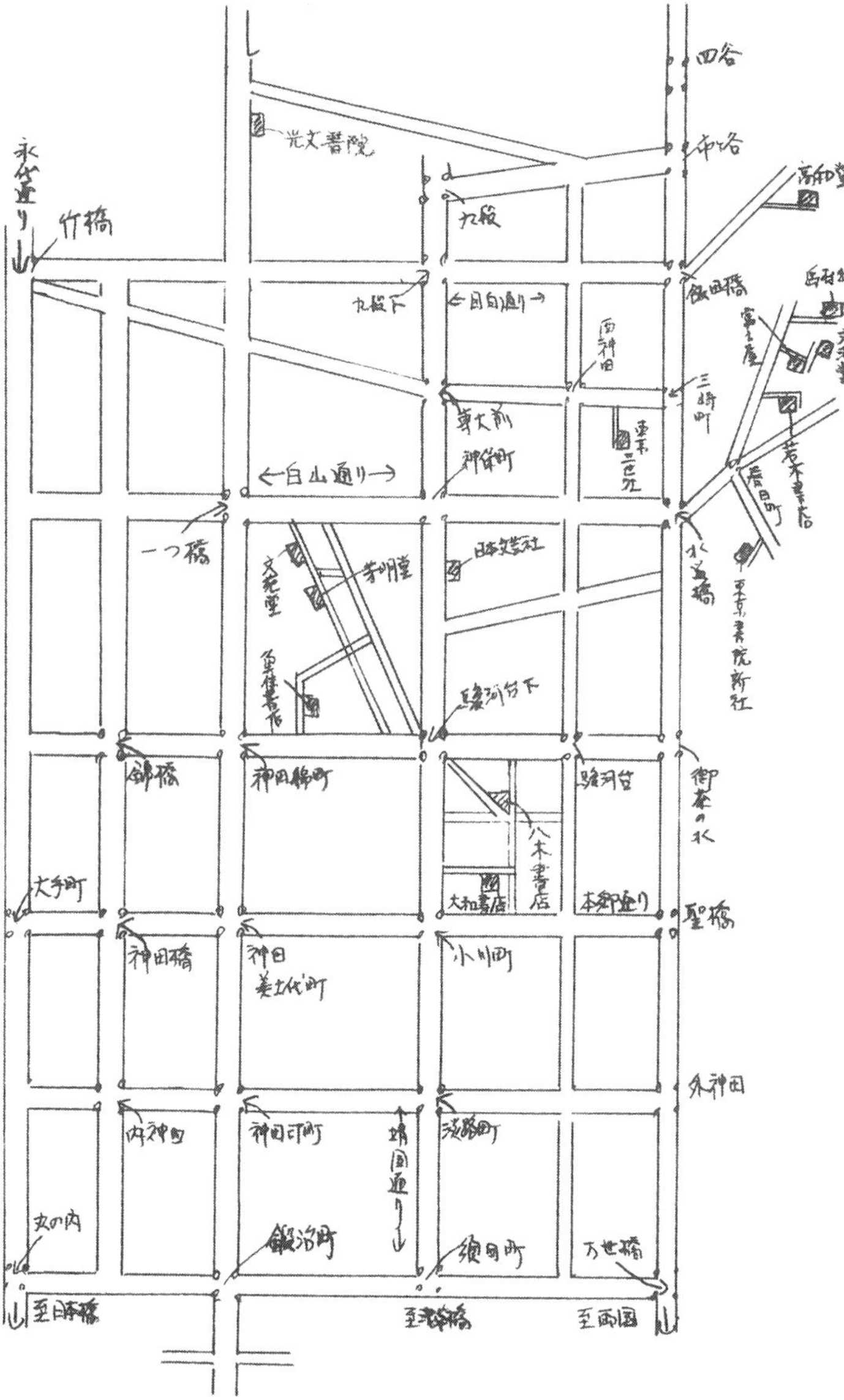

四谷
市ケ谷
光文書院
高和堂
九段
永代通り
竹橋
飯田橋
九段下
目白通り
西神田
三崎町
専大前
神保町
白山通り
若木書店
一ツ橋
文苑堂
芳明堂
日本文芸社
水道橋
東京書院
駿河台下
神田錦町
駿河台
御茶の水
八木書店
大和書店
本郷通り
大手町
聖橋
神田橋
神田
美土代町
小川町
外神田
内神田
神田司町
靖国通り
淡路町
丸の内
鍛冶町
須田町
万世橋
至日本橋
至浅草橋
至両国

古書の総合雑誌としてリニューアルした。

こうして『日本古書通信』は軌道に乗ったが、八木は『日本古書通信』の編集は弟の八木福次郎に任せ、特価本専門の古書店「六甲書店」を開業することにした。

それまでは特価本といえばクズ本扱いだったのを、八木は古書的観点から再検討して新しい価値を見いだし、それを古書流通の網に乗せたのである。これが八木書店の大きな功績の一つなのである。

それだけではない。われわれが、こうして神田神保町の歴史をたどり直すことができるのも、反町茂雄の業績の多くを本のかたちにしてくれた八木書店のおかげなのである。反町が神田神保町の歴史を「創った人」ならば、八木敏夫はそれを「記録した人」と言えるだろう。反町茂雄の偉大な業績も、八木敏夫なくして、われわれの知るところとはならなかったかもしれないのである。

なお、特価本を扱う古書店の組合としては、別に昭和二十七年（一九五二）六月創立の「全国出版物卸商業協同組合」があり、読み物としても面白い『全国出版物卸商業協同組合　三十年の歩み』という組合史を出している。八木書店ももちろんこの組合の有力メンバーである。ネット書店の拡大に伴い、再版問題が火急の課題となっている今日、この系列も古書業界史とあわせて研究対象になってしかるべきだと思うがいかがなものだろうか？

耐久消費財から消費財へ

反町茂雄は『紙魚の昔がたり　昭和篇』収録の座談会「昭和六十年間の古書業界」で、昭和四十一年から五十年に至る戦後の第三ディケードについて、二十年間にもわたって続いた古本界の好景気がこの辺から終わりに向かい始めたと語っている。

新制大学の膨大な需要はすでに充足され、学生の活字離れも少しずつ進み、古本の売れ行きは下降に向かった。一方、出版界は過剰生産の気味で、莫大な数の新刊書を量産する。それが回り回って、古本業界に押し寄せたのである。

ところでＧＨＱの平準化政策をひとことで要約するとすれば、「民衆も耐久消費財を安価で所有することのできる社会の実現」と定義できる。民衆が腹いっぱい食べられる社会というのではまだだめなのである。テレビ、洗濯機、冷蔵庫といったいわゆる「三種の神器」からクルマに至る耐久消費財を民衆が消費財として消費できる社会を実現しなければならないというのだ。かくて、耐久消費財の消費財化が社会の設計プランとなった。そして、日本は戦後わずか二十年でこれを実現してしまう。だから、昭和四十年代は、すべてが耐久消費財ではなく消費財と化した最初のディケードと定義できるのである。

では、書籍はどうか？　昭和二十年代、いや、昭和三十年代においてさえ、耐久消費財扱いであったと言っていい。

それどころか昭和四十年代前半でも民衆階級では本を買うにはかなりの決断が必要だった。これをうまく衝《つ》いたのが、全集ブームと百科事典ブームである。すなわち、本は耐久消費財でなければならないという民衆の固定観念をうまく利用し、「これは消費財ではなく、末長く使用できる耐久消費財ですよ」と言って売りまくったのである。

だが、昭和四十年代前半の全集・百科事典ブームを最後に本が耐久消費財である時代は終わりを告げ、四十年代後半からは本もまた、衣料や他の家電製品と同じく、消費財化への道を歩むことになる。そしてそうなったら、本が耐久消費財だからこそ商売ができた古本屋は立ち行かなくなる。消費財となってはリサイクルのしようがないから商売として成り立たないのである。

「耐久消費財から消費財へ」という流れは最初、雑誌を襲ったが、すぐに本に移行する。まず出版部数が増え、ついで過当競争から出版点数が増えたので、再流通システムに回る暇もなく、そのまま潰し（廃棄処分）となる本の数が激増したのである。しかし、それでも供給は需要を常に上回ったので、従来の古本屋のやり方は通用しなくなっていったのだ。

学者からオタクへ

では、そのまま古本屋は消滅の一途をたどったのかというと、いかにも古本屋らしい一発大逆転が起きる。消費財ゆえに大量廃棄されてしまった本、雑誌が、まさにそのエフェメラ性ゆえに価値ある古本として蘇ったのである。このエフェメラの蘇生はまず下町から起こる。

その第一号は昭和四十五年（一九七〇）の三島由紀夫事件で一気にブームとなった戦後作家の初版本である。中央線沿線や早稲田界隈の古本屋から起こった戦後作家初版本人気は、先行地区の古本屋が下町の市場に買いにやってきたことで下町にも飛び火したのである。しかし、下町発のブームとなったのは漫画本だった。戦後、下町は貸本屋が大流行し、どの町にも貸本屋が誕生したが、やがて漫画も耐久消費財から消費財への道を歩んだので貸本屋は立ち行かなくなり、倒産するか閉店した。その大量の在庫を一手に引き受けたのが下町の古本屋で、古漫画ブーム到来とともに我が世の春を迎えるのである。

しかしながら、下町の古本屋から火が広がったこの漫画本ブームは戦後文学初版本ブームとは決定的に質の異なる、ある意味エポックメーキングな「何か」を含んでいたのである。それは、耐久消費財から消費財へと変質した本・雑誌が、その大量消費性ゆえに、いったん消滅した後に価値を蘇らせるというパラドックスであった。そして、このパラドックスは、同時に、価値の蘇生者たる「それを買う人」が、従来の古本購入者とはまったく違うタイプの人間であることも明らかにしたのである。

ひとことで言えば、オタクが古書の世界に「価値創造者」として初めて登場したということなのである。

以後、古書の世界はこのオタクという存在を軸にして回るようになる。そして、神田神保町もまた、このオタクの登場によって大きく変容してゆくことになるのである。

最初は漫画専門店から始まった古書店のオタク巣窟化は、いまや神田神保町全域に及び、さらに都内全域に拡大しつつある。各古書店の異常なまでの専門化は、明らかに最大の顧客であるオタクの欲望の忠実な反映なのである。

学者が去って、オタクがやってきた。これが神田神保町をはじめとする古書店全般の現状である。果たしてここから、どんな方向を時代のベクトルは指し示すのだろうか？

終章

古本屋の現在と未来

古本の価格決定要因と「サブカル結晶作用」

本書は古本屋というものに一度も足を運んだことのない人の話から始めたので、締めくくりも同じように、そうした古本屋未体験の人の話から始めたいと思う。

今ここに、数少ない蔵書をアマゾン・マーケットプレイス（以下、アマゾン）、ヤフーないしはメルカリで処分しようとした人がいると仮定しよう。その人は手始めにアマゾン（ヤフー、メルカリ）で自分が出品しようとしている本にどれくらいの値段がついているか調べようとするに違いない。そして、驚くだろう。少し前にベストセラーだった本に「一円」の値段がついている一方、十年ほど前に大学の授業でテキストとして買わされたお堅い研究書に定価の倍の値段がついていることに。

当然、その人は「一円」の本は出品するのをやめ、定価の倍の値がついている研究書だけを出品するだろう。じつは、アマゾンでは定価「一円」でも、送料の操作で利益が出るような仕組みになっているし、ヤフー、メルカリも同じようなシステムなのだが、そうした仕組みを知らない初心者は「一円」しか価値のないものと判断し、資源ゴミの日にまとめて処分してしまうに違いない。

こうした体験は、一昔前なら、古本屋の店頭で味わったはずのものだ。「高価買入」の看板につられて古本を持参した客は、無愛想な顔の店主ないしは従業員の下す無慈悲な価格査定（アマゾンの場合とほぼ同じで、ベストセラーはゼロ査定で、希少本は高いが、高いといっても上限は定価の二割）に悄然《しょうぜん》とし、そんな安い買取値段なら売るよりも捨てたほうがましと思って持参してきた本をカバンに戻すか、あるいは電車賃をかけたのだから、持って帰るのも億劫と、査定された金額で妥協し、「二度と来るか！」とその場を立ち去るかの二択を迫られたものである。

ことほどさように、古本屋でも、またアマゾン（ヤフー、メルカリ）でも、古本を扱う市場では新刊本屋とは逆の原理が働いている。古本市場で価格を決定するのは、新刊本市場の人気ではなく、希少性なのだが、しかし、希少性だけではないところに古本市場の面白さがある。

というのも、希少であればどんな本でも高値がつくのかといえば、そんなことは決してないからだ。

たとえば、まったく無名の人が個人出版（最近ではこうした本をＺＩＮＥ《ジン》と呼ぶ）で五十部出した本が古本となったときに高値がつくかといえば、これは場合によるというほかない。その無名の人がその後、有名になれば、もちろんこの個人出版本の古本価格は高くなる。

また、たまたまそのＺＩＮＥを読んだ批評家なり専門家なりがＳＮＳなどで高い評価を与えれば、同じことが起きる。あるいは、文学フリマに出品したＺＩＮＥがＳＮＳの玄人筋によって高評価を得て、古本価格が高くなるという可能性もないわけではない。しかし、そうでない場合は内容のいかんにかかわらず、ＺＩＮＥの古本には次に述べるような古本市場特有の現象を除いて、値段がつかないのが普通である。

つまり、古本の値段というのは希少性を基本としているが、それだけではなく、本それ自体の内容的価値も関わってくるということなのだが、じつはそれもすべてではないのだ。すなわち、古本の市場に内在する価格決定要因によって古本価格が高くなったり安くなったりすることもあるのだ。

以下、その問題について考えてみたいと思う。というのも、神田神保町に象徴される古本屋の現状を分析し、未来を占い、行動提起を行うには、「古本市場に内在する価格決定要因」というのが非常に重要になってくるからだ。

しからば、古本市場に内在する価格決定要因とはいったい何なのだろうか？

最大の要因は、やはり需要と供給の関係なのである。需要が供給を上回れば価格は高くなるが、供給過多なら価格が下落するのは古本市場とて同じなのだ。

だが、古本市場の場合、一般の市場とは異なる特殊な原理が働いていることを忘れてはならない。それは需要が増えたからといって供給を増やすわけにはいかないという絶対的な制約がある点だ。

たとえば、一時期非常に人気があり、ベストセラーを連発していた作家が、死後、だいぶ経ってから一部で再評価が始まり、それが一般にも広まるようなことがあったとしよう。この場合、ベストセラー作家だったから、供給サイドに十分な蓄えがあるかといえば、そんなことはない。ベストセラー作家の本はすでに見たように古本市場に出回ると価格は最底辺に張り付くのが常だから、ほとんどは潰しになり、再生紙に化けてしまっているのだ。つまり、古書市場では、需要が増えても、それに応じて供給が増えるということは、原理的にはありえないのである。だから、かつてのベストセラーでも古書市場に残存部数が少ないなら、価格は高騰するのだ。

しかし、古本市場の場合、もう一つ、別の要因が需要と供給の両方を支配していることがある。

それは、ジャンルそのものがベストセラーと同じ構造を持っている場合だ。すなわち、雑誌や実用書、趣味本など、構造的に大量需要、大量供給を運命づけられているジャンルは、古本市場に出回ることもなく廃棄されてしまう。

具体的に言えば、これまでの記述でも指摘したように、江戸時代の草紙本、昭和から現代にかけての漫画がこれに当たる。

草紙本や漫画はそれがジャンル的に成熟するまでの間は、子供向けのジャンル、あるいは大衆向けのジャンル、つまりサブカルとして蔑まれていた。そのため、古本市場は価値を認めることができず、市場に回ってきても潰しにしてしまった。

江戸時代の草紙本は再生紙に変身することはなかったが、障子の裏紙、落とし紙（トイレ用紙）、あるいは包装紙として再利用されていたので、基本的には同じ運命にあった（フランスで浮世絵が価値を認められ、印象派に大きな影響を与えたのは、それが陶器の包装紙としてフランスに送られてきたのを偶然「発見」した画家がいたからである）。

ところが、ジャンルが成熟し、やがて爛熟を経て衰退に向かう頃になると、そのジャンルを「じつは素晴らしいものではなかったのか？」と新たな価値付与を行う人間が古本業界の中から必ず現れてくる。

なぜ、そうしたことが起きるかといえば、それは、成熟期のジャンルにどっぷり浸かった幼年時代を過ごした人が成人し、自分の体験したものは今の価値観に照らしてもやはり素晴らしいのではないかと思い返して、その確認のために残存している在庫の調査を始めるからだ。

私はこれを「サブカル結晶作用」と呼んでいるが、不思議なことに、このサブカル結晶作用は古本業界の中にばかりか、外にいる人間の心の中にもほぼ「同時に」生じるのである。言い換えると、古本業界の中にいる人間がサブカル結晶作用によって、これまで業界ではまったく顧みられることがなかったジャンルに再評価の光を当てようと決意して残存在庫のいくつかを自分の店舗に並べてみると、必ずと言っていいくらいに、それを待っていたんだとばかりに飛びついてくる客がどこからともなく現れてくるのである。

達摩屋五一も、また漫画を最初に古書業界に呼び込んだ中野書店（神田神保町）店主やまんだらけ（東京都中野区）店主も、そうだったに違いない。

おそらく、彼ら以外の古本業界人でも、同じような現象に遭遇してはいたのだろう。達摩屋五一や中野書店店主やまんだらけ店主が、他の業界人と違ったのは「それを待っていたんだとばかりに飛びついてくる客」というものが、眼の前にいる客以外に無数にいるかもしれないと気がついたことである。同じ魚が数匹見つかった漁場の底のほうには何千匹も同じ魚がいるものなのである。

こうした「サブカル結晶作用」の具体的なあらわれがオタク現象にほかならない。その意味で、「サブカル結晶作用」の波動を何度か経験してきた古本業界が、コンドラチェフの波動を最初に発見した金融業界人のように、サブカルを売りにした商売を始めて、そのあげく、神田神保町や中野ブロードウェイがオタクのメッカとなったのには何の不思議もないのである。

これからも、「サブカル結晶作用」の波動は何度か形を変えながらも続いていくだろう。おそらく、今は値のつかないＺＩＮＥもいずれは高値を呼ぶはずである。その基本構造は常に一定なのである。

古書業界の需要と供給の細り

しかし、こうした循環物色が永遠に可能かといえば、必ずしもそうとばかりは言えない。つまり未来においては、決定的に変わってくるものもあることは確かなのだ。

そのいくつかをこれから挙げてみよう。

一つは、需要サイド（古本を買う人や機関）の回復不可能な減少である。もちろん、それはひとえに人口減少と関係している。

そのことは、神田神保町の歴史で、全集物、叢書物、講座物、資料物と呼ばれたジャンルが、日本における最大の人口増大期であった昭和の時代に最大の伸びを示し、これらを扱う一誠堂、巌松堂、巌南堂などの古書店を大手に押し上げていった事実の中にはっきりと見ることができる。つまり、人口が増大すれば、その人口を吸収する大学、大学院、研究所も比例的に増えてゆくから、それらに付属する図書館も増えてゆき、その図書館に基本配備すべき全集物、叢書物、講座物、資料物などの大口の需要がかなり長期にわたって存在したのである。

私は大学に在籍していた時代に図書館委員をつとめていたことがあるので、こうした大口需要がどのようにして生まれるのかよく知っている。それには、大学設置基準という文部省（現・文部科学省）の省令が大いに関係している。大学の新設または学部の新設に際しては、大学設置基準に合わせて図書館も新設しなければならない。しかも、大学設置基準には、図書館に配備すべき本のジャンルも冊数も指定されている。これをクリアして査察に合格しなければ新設は認められない。

そのため、図書館委員は、設置基準に定められた本を予算内で発注することになるが、こうした場合、常に在庫が流動している新刊書店よりも、全集、叢書、講座、資料などの基本図書をセットで在庫し、それが目録というかたちで管理されている古書店のほうがはるかに有利なのである。

だから、全集、叢書、講座、資料などを大量に在庫させていた大手古書店は、人口が増加し、大学、大学院、研究所が増え、図書館が新設されて大口需要が生まれれば、その分だけ着実に利益を上げていったのだ。こうした大口需要を見込んで、全集、叢書、講座、資料などが完結するのを待って完全セットを揃えていたから、注文には完璧に応えられたのである。

だが、バブルの崩壊の頃から人口の伸びが止まり、増加から減少に転ずるに及んで、大学、大学院、研究所は定員を減らすどころか、廃校・廃院に至ったところも多くなる。大口需要はぴたりと止まり、大手古書店への発注もほとんどなくなった。

それどころか、廃校や廃院・廃学部に伴い、図書館の蔵書が蔵書印を消して大量に廃棄本市場に出回ったから、全集、叢書、講座、資料などの基礎資料物の価格は軒並み暴落、今や商品としての価値を失いつつある。

それだけではない。国立国会図書館や大手の大学図書館は、現在、版権切れの資料のデジタル化を進めているが、これによって商品価値がなくなる古書店の在庫がどんどん増えている。現在は予算措置が十分ではないのでデジタル化のスピードはそれほど速くはないが、年月とともにデジタル化は確実に進んでいく。その分、潰し扱いになる古書店在庫も増えてくるのである。

需要サイドが細っているのは全集、叢書、講座、資料などの基礎資料物に限ったことではない。バブル期には、大学図書館や公共図書館の予算が余っていて、年度末には予算を消化しなければならないため、どこの図書館でも目玉となるような世界的な稀覯本を欲しがったのだが、いまやこの稀覯本需要も大学図書館や公共図書館の予算削減ないしは消滅に遭って、完全に夢と消えたのである。

私は高額稀覯本需要が頂点に達した一九九〇年十月に東京で開かれた国際古書商連盟（ILAB）の第十三回国際古書展に立ち会ったが、このときの熱気はすさまじいものだった。世界から百八十の古書店が日本のバブルを当て込んで出展したが、そのときに会場となったホテルグランドパレスの大広間に集まっていたのは大学図書館や公共図書館の関係者ばかりだった。会場で顔を合わせた荒俣宏さんが「いや、すごいね。会場にいるのは機関投資家ばかりじゃないか。これじゃ、古書価格がせり上がるのも無理はない。プライベートな買い手は私と鹿島さんだけかもしれないね」と嘆いていたのを思い出す。今となっては想像するのも難しい稀覯本の祭典であった。

大学の図書館サイトをときどき覗くことがあるが、そこで自慢されている稀覯本のほとんどはこのバブル期に購入されたものである。

このように、古書業界にとって需要サイドの細りは大きな問題だが、より深刻な問題は供給サイドのほうがこの先、どんどん細くなっていくと予測されることである。

では、供給サイドの細りとは具体的に何を意味するのだろうか？

古本とは当たり前だが、しばらく前の新本である。新本でなかった古本は存在しない。したがって、新本が洪水のように出ていたときには、古本も洪水のように市場に入り込んでいたはずなのだが、実際には多くは市場に入る前に無価値と判断されて再生紙となっていたので、市場で出回る古本の数は新本の数をはるかに下回ってはいた。ただ、それでも新本が増加すれば、古本も増加していたことは言うまでもない。

だが、新本は二〇一三年の八万二五八九点をピークに下落に転じ、その傾向は年を追うごとに加速しつつある。その要因としては、人口減少のほかに、インターネットやスマホの普及、電子本の伸び、新刊本業界特有の再販・委託制度などさまざまなものが挙げられるが、古本という観点から見て一つだけ確実に言えることは、新刊の出版点数が減っているのに、古本市場に出回る古本の数が増えるということはありえないということだ。レベルを落としてではあるが、古本の数も新刊本のそれと同じカーブを描くはずなのだ。

問題はこの歴然たる事実をどう捉えるかである。

というのも、本書で見てきたように、新刊本が増加するということは古本市場にとって必ずしも「いいこと」ではなかったからだ。

例として、古本屋にとっての最大の危機が昭和初年に訪れた円本ブームであったことを思い出さなければならない。倒産寸前だった改造社が大バクチを売って、大正十五年（一九二六）の暮れに大々的な宣伝によって定価一円・全巻予約販売の方式で売り出した『現代日本文学全集』が空前の売れ行きを示したことから、大手出版社が続々と円本に参入したため、円本に収録されていた過去の作品を比較的高く売って稼いでいた古本屋は、とたんに売れ行き不振に陥ったのである。また、円本の成功に刺激を受けて、岩波書店が岩波文庫を始めたことも古本屋の危機を深める結果となった。

これをひとことで言うと、読者にとって嬉しい薄利多売の全集本や文庫本は、古本屋にとっては少しも嬉しくない商品、むしろ迷惑極まりない商品だということである。既存の在庫が売れなくなるばかりか、発行部数の多い全集本や文庫本は古本市場に回っても値がつかないから最悪なのだ。げんに、昭和二年の円本ブームから数年の間は古本業界にとっては氷河期そのものであった。

同じことは、昭和三十年代から四十年代前半にかけての全集ブーム、その後の文庫・新書の創刊ブームにおいても繰り返された。このときには、大学図書館からの基礎資料本の大口需要があったので、業界全体ではなんとか持ちこたえることができたのだが、小規模な書店は青息吐息であった。

廉価本の氾濫は古本市場を殺すのである。

では、古本市場の観点に立って、現在の新刊本の状況を観察してみるとどういうことがわかってくるのか？

文庫・新書を出して書店の棚の大半を占めていた大手出版社が、こうした薄利多売商品のマーケットから撤退を開始したということである。

文庫に自作を入れている物書きなら誰もが感じることだろうが、文庫本が品切れになっても増刷はまったく行われない。つまり、大手出版社は文庫は新刊のみに限定し、既刊の文庫本はどんなに需要があろうと増刷はしないという方針に転じたのである。これがさらに進めば、書店から文庫・新書のコーナーは消えてしまうだろう。

なにゆえにこうした事態に立ち至ったのかといえば、それは、いわゆる「街の書店」の閉店が加速しているからである。「街の書店」の利益を支えていたのは雑誌と新書・文庫だが、その「街の書店」がもはや立ち行かなくなって閉店し始めたため、流通在庫として文庫本を配備しておく余裕が出版社になくなり、最終的には文庫・新書からの撤退という決断を迫られているのである。

では、今後、文庫・新書に売上の多くを依存していた大手出版社にはどのような選択肢が残されているのだろうか？

薄利多売商法をやめて、円本以前の状態に戻るしかない。つまり、中小の出版社がやっているような高価格・小部数の出版に移行するのである。これは、私の実感からすると、もう始まっている。大手出版社の文庫本でも、私のような物書きのものは、部数は三千部から四千部、定価は税込二千円前後だから、単行本と少しも変わらないのだ。

しかし、薄利多売から撤退して、高価格・小部数に移行するには大きな問題がある。

それは高価格・小部数の本では売れるまでに時間がかかるということである。これは、新刊書店への委託期間が限られている再販制度とは矛盾する。矛盾するということは、早晩、再販・委託制度のほうが崩壊する運命にあるということだ。そして、それもまた「もう始まっている」のであり、いずれは新刊書店は、再販委託をやめて、自由価格にし、利益率を現在の二割から三、四割にするしかないのだ。

これは再販・委託制度が崩壊し、大手取次の東京堂の誕生によって確立された明治三十年代以前に戻るということを意味する。

ひとことで言えば、人口が増加から減少に転じたことで、歴史はどんどん過去へと遡っているということなのである。

古書業界の未来図

さて、新刊書店の置かれている現在の状況が以上のようなものだとすると、これは古本業界にとって、良いことなのか悪いことなのか？

必ずしも悪いことではない、というのが私の結論である。

なぜならば、古本業界にとって最悪なのはすでに述べたような薄利多売の本なのだから、新刊本業界が薄利多売から高価格・小部数に転じたことは良き方向への転換だと解釈すべきなのである。

だが、問題もある。

それもまた新刊書籍業界にこれから起こることと関係している。

新刊の多くが高価格・小部数に転じて、再販・委託制度が崩壊し、自由価格制になったとしたら、たとえ利益率が上がったとしても販売点数が減少するのは必定である。今でも営業に苦しんでいる「街の書店」はこれではやっていけない。

生き残るのは、高価格・小部数の本を巨大店舗に無数に配架《はいか》して細分化を徹底した都市部の超大型書店だけ、という可能性がある。

ただ、もう一つ、限定された分野に特化してその分野の本をすべて取り揃えた超専門の新刊書店が生き残る可能性もある。ただし、後者のタイプの書店が成立するには、再販・委託制が廃されて、自由価格制に移行していなければならない。

しかし、超専門書店であれば、なにも取り扱いを新刊に限定している必要はどこにもないことになる。つまり、超専門店は必然的に新刊本・古本混在書店になるということである。これまた、明治以前の形態に戻るということである。

さて、こうした新刊本業界の未来予測に照らして古本業界、とりわけ神田神保町の古書店街を見てみると、どのような未来図が浮かび上がってくるのだろうか？

なんと、意外にも、神田神保町においては、新刊本業界の未来図に近いものが実現されているのだ。つまり、書籍そのものの冬の時代にサバイバルするのが新刊本業界では超大型店と超専門店だけだとすると、神田神保町は無数の超専門店が極端に狭いエリアに蝟集した街なのだから超大型店に等しく、二つの可能性を兼ね備えた世界でも希有な書店の街なのであり、すでに「実現している未来図」にほかならない。

したがって、神田神保町の古書店街が今後も永続していくためには、この超専門性と超大型性という二つの方向性を失わないようにすることが肝要なのだが、しかし、それにはシビアな話、不動産問題がからんでいる。

神田神保町の古書店街にとって、存立の大きな危機だったのはバブル期における地上げであった。地上げという言葉を知らない人がいるかもしれないので解説しておくと、それは、小さな個人所有の商店が立ち並んでいる街を大規模ビル街に変身させるべく、不動産業者から委託された怪しい業者（多くはヤクザ）がありとあらゆる手段を駆使して、小規模土地所有者に土地を売却させて大きなブロックにまとめ上げることを意味していた。神田神保町でも地上げ攻勢は激しかったのだが、その攻勢に耐えたのは、多くの古書店が戦後の混乱期に店の土地を地主から買い取って自己所有としていたからである。間借りしていたのでは、地上げ屋が地主を籠絡《ろうらく》したら店を畳んで退去するほかなかったが、靖国通りの主要な古書店は土地が自己所有になっていたため、地上げ攻勢によく抵抗しえたのである。

だが、今後、神田神保町が再び不動産業者の注目を浴び、地上げ攻勢が再開されたとき、古書店主たちがこれに抗しえるか否かは保証の限りではない。金銭問題や跡継ぎ問題で、土地ごと売却してしまおうと考える古書店主が現れたとしてもそれを非難することはできない。

しかし、いまや神田神保町は世界遺産に認定されてもおかしくはないほどに希少なトポスとなっているのだから、神田神保町がかつての芝神明町のように何の変哲もないビル街に変貌するのはなんとしても回避しなくてはならない。

では、いったい、どうすればいいのか？

私はパリで採用されている方式が参考になるのではないかと思う。パリでは、老舗古書店が廃業し、しばらくするとその店舗があった空間に再び古書店が入ることが少なくない。私が不思議に思って知り合いの古書店主に尋ねたところ、古書店主は、それは古書組合が営業権を所有している店舗ではないかと答えた。フランスでは、地の利のいい路面店は不動産の権利とは別に営業権（バーユ）というものがあり、それが売買や賃貸されている。不動産を買うほどの資金を持たない古書組合では、古書店向けの店舗があると営業権を手に入れておいて、古書店の開業希望者がいると優先的に賃貸に出すのだという。

日本ではまだ営業権というものは一般的ではないが、この方式なら古書店の跡地に飲食や他の業種が入って神田神保町が古書店街でなくなるのを防げるのではないかと思うのだが、どうだろう。日本と違って、建物の建て替えが少ないパリの話なので、あまり実現性はないかもしれないが、皆無ではない。とにかく、世界遺産に等しい神田神保町の古書店街を守ることが何よりも先決なのだから、地上げの危機に対して今から打てる手は打っていたほうがいい。

もう一つ考えられるのは、神田神保町の古書店街を世界遺産に申請し、「外圧」を利用して、崩壊に歯止めをかけることである。世界遺産を資本主義の原理に任せて崩壊させたとなると外国から非難されること必定だから、政府も東京都も神田神保町の古書店街の保護に本気になるだろう。良き外圧は利用すべきなのだ。

ただ、このように、外側から神田神保町の古書店街を守ろうとしても、おのずから限界はある。神田神保町の古書店街を守ろうとする当事者たちの意志の力が弱ければ、制度的工夫も外圧も何の力にもなりえないのだ。

というわけで、最終結論。

神田神保町の古書店街を守る究極のパワー、それは神田神保町の古書店主であることの誇りなのであり、それ以外にはありえない。これさえあれば、あとはどうにかなるのである。

あとがき

本書が成り立つまでには、ちょっと複雑な経緯があるので、「あとがき」という場を借りて、それを説明しておきたいと思う。

まず、本書の骨格の一つとなっているのは自著の要約である。

二〇一七年二月に、『神田神保町書肆街考』が出たとき、それを手に取った読者から、当然といえば当然の声が出た。それはタイトルに偽りありで、神田神保町の古書店街の歴史だと思って読み始めたら、むしろ、神田・一橋地区の大学や各種学校の歴史にページを割いている部分が多すぎて、完読できなかったというのである。

これは私も一理あると感じたのである。というのも、私が『神田神保町書肆街考』で考察を行おうと考えたのは、古書店街の歴史プロパーではなく、むしろ古書店街が形成されるに至った背景としての神田神保町のほうだったからである。

しかし、タイトルに偽りがあるのは事実なので、ならばいっそのこと、『神田神保町書肆街考』から古書店街についての記述だけを抜粋した簡略版を作ったらどうかと考えた。これなら、神田神保町よりも古書店街のほうに興味のある読者を満足させることができるからである。

かくて、抜粋・要約の作業に取りかかったのだが、その作業の最中の二〇一九年三月、東京都古書籍商業協同組合の前理事長で、けやき書店の佐古田亮介氏から二〇二一年に刊行予定の『東京古書組合百年史』のイントロになるような文章を百枚ほど書いてもらえないかという提案を受けた。カバーする範囲は、東京古書籍商組合の成立（大正九年）から『東京古書組合五十年史』が発行された昭和四十年代までということであったので、それなら今作っている簡約版をベースにすれば、そう難しいものでもないと、後から思えばかなりイージーに考えて執筆を引き受けたのである。

だが、実際に執筆を開始してみると、私の心の中に大いなる疑問が生じてきた。

それは、そもそも古本屋というものはどういう経緯で誕生したのかという根源的な疑問であった。そこで、大正から昭和にかけての歴史よりも、橋口侯之介氏の『江戸の古本屋』や上里春生氏の『江戸書籍商史』などを参考にむしろ古本屋の誕生のほうに力点を置いた原稿を書き上げたのだが、それは百七十枚も費やしながら、関東大震災までしかカバーできない中途半端なテクストとなってしまった。

そこで、佐古田氏に伺いを立てたところ、これでは組合成立から昭和四十年代までの期間をカバーできていないし、枚数もオーバーだから、もっとバランスよく圧縮してもらえないかと注文された。私はもっともな意見だと思ったので、百七十枚の元原稿に組合成立から昭和四十年代までの時期に相当する簡約版を加えたテクストを三百枚ほどまず作り、次にこれに大ナタを加えて百三十枚ほどのテクストに圧縮することにした。さいわい、この圧縮版に対しては佐古田氏からOKが出たので、このテクストに組合成立の経緯を書き加えて決定稿とした。

これが、二〇二一年八月刊の『東京古書組合百年史』の第一章となった「鹿島流　古本屋はいかにして生き続けたか――前史から昭和半ばまでの東京古書組合」である。

『東京古書組合百年史』は新刊本の販売ルートには乗らず、東京都古書籍商業協同組合の組合員に配布され、古書店でのみ販売されたので、一般の読者の眼にはほとんど触れる機会はなかった。

それから三年経った二〇二四年の七月、旧知の編集者である草思社の貞島一秀さんから、なにか単行本となるようなまとまった原稿がないかという話を受けた。そのとき、私はファイルの中に『東京古書組合百年史』のために書いた圧縮前の三百枚の原稿があったことを思い出し、それを圧縮後の「鹿島流　古本屋はいかにして生き続けたか――前史から昭和半ばまでの東京古書組合」の原稿とともに渡して、果たしてこの二つから本が作れるか検討してみてくれと伝えた。

その後、貞島さんから返事があり、三百枚のほうを書籍化したいと言ってきて、地図や図版を入れる作業が始まった。ところが私の怠慢で、原稿整理に入ることができないでいるうちにゲラが送られてきたので私は大いにあわてた。というのも、正直に言うと三百枚の元原稿の後半部分の三分の一には『神田神保町書肆街考』の原稿を流用した部分がかなりあったからである。

そこで、貞島さんの許可を得たうえで、その後半部分を「鹿島流　古本屋はいかにして生き続けたか——前史から昭和半ばまでの東京古書組合」の後半三分の一（これは圧縮の度合いがずっと強い）に差し替えて適宜修正し、また全体に大幅な書き加えを行うことにした。

書き加えたのは、主に、江戸時代の古本屋の誕生の部分と、草紙本に関する部分、靖国通りの開通と神田古書店街成立の部分、それに古書業界の現状と未来について論じた終章である。この加筆により、本書は東京の古本屋の歴史というよりも、「古本屋の誕生」という要素がかなり強くなったので、メインタイトルもこれで行くことにした。

ただ、中核とした原稿は東京古書組合成立史のニュアンスが強いので、部分的には一般読者向けではないところもある。また、「東京古書店史」という副題にもかかわらず、神保町中心で、早稲田その他の古書店街の記述がないことも欠陥である。さらに、後半の三分の一はかなりダイジェストしてあるとはいえ『神田神保町書肆街考』のストーリーを使っているので、読者によっては既視の感を受けるかもしれない。最初はこれをカットしようかとも思ったが、やはり、話を現代につなげるためにもあったほうがいいと判断し、批判を承知の上であえて残すことにした。

最後になったが、本書が成立したのは、ひとえに草思社編集部の貞島さんの本づくりの情熱のおかげである。この場を借りて、深い感謝の気持ちを捧げたい。

二〇二五年一月

鹿島茂

鹿島 茂　かしま・しげる

1949年、神奈川県横浜市生まれ。フランス文学者、評論家、作家。東京大学文学部仏文学科卒業。東京大学大学院人文科学研究科博士課程単位修得満期退学。明治大学名誉教授。当初はフランス文学の研究翻訳を行っていたが、1990年代に入り活発な執筆活動を開始。1991年『馬車が買いたい!』(白水社)でサントリー学芸賞、1996年『子供より古書が大事と思いたい』(青土社)で講談社エッセイ賞、2000年『職業別パリ風俗』(白水社)で読売文学賞を受賞。膨大な古書コレクションを有し、東京都港区に書斎スタジオ「NOEMA images STUDIO」を開設。2017年、書評アーカイブサイトALL REVIEWS(https://allreviews.jp)を開始。2022年には神田神保町に共同書店PASSAGEを開店。近刊に『書評家人生』(青土社)、『パリの本屋さん』(中央公論新社)など。

古本屋の誕生
東京古書店史

2025年2月21日　第1刷発行

著者　鹿島 茂
装幀者　浅妻健司
発行者　碇 高明
発行所　株式会社草思社
〒160-0022
東京都新宿区新宿1-10-1
電話　営業03(4580)7676
編集03(4580)7680
本文組版　浅妻健司
印刷所　中央精版印刷株式会社
製本所　大口製本印刷株式会社

ISBN978-4-7942-2766-9　Printed in Japan　検印省略